ChatGPT×HR

생성형 AI,
HR에 어떻게 적용할 것인가

김기진 조용민
고동록 박호진
최요섭 심영보
박은혜 정미령
이수연 이정택
유병선 조원규
홍규원 하기태
박동국 한권수

챗GPT × HR

HR
SOLUTIONS

에릭Story

생성형 AI의 가능성에 대해
HR 전문가의 집단 지성이 돋보이는 책

이 책은 변화의 시대에 필요한 지식과 도구를 제공하며, 독자들이 변화를 주도하고 혁신을 이루는 데 도움이 되는 책이다. 특히, ChatGPT와 같은 AI 기술을 이해하고 활용하는데 필요한 실질적인 가이드를 제공하고 있다. 이 책은 생성형 AI 시대의 변화에 적응하고 HR 분야에 혁신을 일으킬 가능성을 열어 줄 것이다. ChatGPT 시대 변화의 꿈을 꾸며 실천하고자 하는 모든 사람에게 일독을 권한다.

김영헌_한국코치협회 회장, 경희대 경영대학원 코칭사이언스 전공 주임교수, (전) 포스코 미래창조아카데미원장

이 책은 변화의 바람 속에서 지속적해서 성장하고 적응하는 방법을 제시하고 있다. 책에서는 생성형 AI 시대의 변화 패턴을 인식하고 이를 HR 분야에 활용할 수 있는 방법을 구체적으로 제시하고 있다. 이에 더해, 이러한 전략은 HR 분야뿐만 아니라 다른 모든 산업에 적용될 수 있다. 불확실한 미래를 예측하기는 어렵지만, 변화에 대처하는 방법을 구체적으로 제시 한다. 또한, 윤리적 고민에 대한 해답도 제시하고 있어, AI 기술과 관련된 모든 사람에게 유익할 것이다.

전하진_SDX재단 이사장, (전)한글과컴퓨터 사장

이 책은 생성형 AI의 가능성에 대해 HR 전문가의 집단 지성이 돋보이는 책이다. 짧은 기간 내에 16명의 저자가 ChatGPT의 현업 적용을 깊이 다루어, 인상적인 내용을 담고 있다. 복잡한 HR 문제에 대한 풍부한 사례 연구와 구체적인 가이드라인을 제시하고, 독자들이 HR 분야에서의 혁신과 지속적인 성장을 이끌 방법을 구체적으로 알려줌으로써, 다양한 직무에 적용할 가능성을 열어 주었다.

주영섭_서울대학교 특임교수, (전)중소기업청장

이 책은 생성형 AI 기술인 ChatGPT가 HR 분야에서 미치는 영향과 그 활용 방안에 대해 상세히 다루고 있다. HR 분야에서의 혁신과 지속적인 성장을 이루기 위한 사례 제시로 변화의 물결을 적극적인 기회로 보게만드는 책이다.

가재산_디지털문인협회장

HR 업계의 변화에 발맞춰 성장하고자 하는 분들에게 강력히 추천한다. 이 책은 ChatGPT의 활용을 통해 HR 분야에서의 문제 해결과 혁신의 스토리가 담겨있다. AI를 활용하여 업무를 혁신하고자 하는 분들은 꼭 읽어보기 바란다.

노상충_캐롯 글로벌 의장

생성형 AI는 HR의 전통적인 방식을 크게 변화시키게 될 것이다. 이 책은 그 가능성을 빠르게 파악하고 생성형 AI를 HR에 효과적으로 활용하는 방법을 다양하게 다루고 있다. 인사 전문가는 물론 생성형 AI에 관심이 있는 모든 이들에게 이 책을 꼭 일독하도록 추천한다.

윤경로_글로벌인재경영원장, (전) 듀폰아시아 HR임원

AI가 HR 영역에도 놀라운 혁신을 이끌 것이라고 이 책은 명확하게 보여준다. 새로운 기술이 사업과 사람, 조직 그리고 문화에 미치는 영향은 매우 크다. 이제 사업과 연계된 전략적 HR이 되기 위해서 기반인 AI는 필수적이다. 이 책은 AI를 HR에 접목하여 공유와 통합 및 새로운 가치 창출을 하려는 모든 이들에게 독창적이고 실용적인 지침이 될 것이다.

홍석환_홍석환의 HR전략 컨설팅 대표, (전) KT&G인재개발원장

이 책은 학습 민첩성이 요구되는 빠른 변화의 시대에 ChatGPT의 교육적인 활용 가치를 제시하고 있다. 이 책이 기업 교육 현장에서 구성원들의 변화와 성장을 지원하는 중요한 자료가 될 수 있길 바란다.

진동환_글로벌기업 임원팀장, 전 IBM 실장

생성형 AI는 HR 분야를 전혀 새로운 차원으로 끌어올릴 수 있다. 이 책은 HR 분야가 AI를 통해 어떻게 혁신될 수 있는지에 대한 사례와 설명을 통해 근본적인 이해를 제공한다. 이 책을 통해 AI를 효과적으로 활용하여 인사 관리를 어떻게 개선할 수 있는지 그 방법에 대해 더욱 쉽게 배울 수 있을 것이다.

김지훈_선일다이파스 부회장

HR에 생성형 AI를 적용하는 것은 HR 혁신의 또 다른 출발점이다. 이 책은 AI를 어떻게 효과적으로 HR에 적용할지에 대한 독창적인 관점을 제시한다. HR 전문가들의 실제적인 적용과 생생한 사례를 통해, 독자는 AI를 HR 분야에 통합하는 구체적인 방법을 배울 수 있을 것이다.

이진구_한국기술교육대학교 교수

이 책은 AI가 HR 분야를 어떻게 혁신할 수 있는지에 대해 깊이 있게 다루었다. 현실적인 사례와 적용할 수 있는 전략을 통해, HR 전문가가 AI를 이해하고 활용하는 데 필요한 핵심 원칙을 제공한다. AI와 HR의 융합이 가져올 새로운 가능성과 도전에 대한 이해를 넓히는 데 이 책이 큰 도움이 될 것이다.

김상욱_한화에어로스페이스 팀장

ChatGPT가 단순한 '생산성'을 넘어 '생성'하는 인공지능이 되기 위해서는 인간의 지능을 넘어 '지성'의 도움이 절대적으로 필요하다. 때마침 현장의 현실과 진실에 비추어 HR 관점에서 인공지능의 무한한 가능성과 한계를 다각도로 모색해 본 이 책은 사랑이 바탕이 된 기술로 사람을 변화시키려는 모든 사람이 참고서적으로 읽어야 할 시대적 필독서가 아닐 수 없다.

유영만_지식생태학자, 한양대 교수, '삶을 질문하라' 저자

HR 분야에 생성형 AI를 접목하여 인사 제도에 새로운 지평을 열게하는 통찰력 있는 책이다. 종래의 사람을 관리한다는 인사관리 차원에서 이제는 생성형 AI와 어떻게 협력하느냐? 의 관점이 중요하다. HR 관련 분야에 계신 분들의 일독을 권한다.

이금룡_도전과나눔 이사장

사례를 통해 충격적인 HR 스토리를 접하면서 새로운 시각과 아이디어를 얻게 한 책이다. ChatGPT와 같은 생성형 AI 기술의 활용을 통해 인재 관리, 조직문화 형성, 성과 관리 등의 과제를 해결하는 방법을 다루고 있는 것이 인상 깊다.

박점식_천지세무법인 회장, '감사경영' 저자

다양한 IT기술이 HR 담당자를 위협하는 실체를 알게 되었다. 변함없는 것은 사람과 기술 모두가 성장하며 경쟁한다는 것이다. 끊임없는 차별화의 노력과 사람에 대한 사랑이 핵심이라는 것을 새삼느꼈다.

박창욱_대우세계경영연구회 부회장/ 글로벌청년사업가 양성과정 총장

ChatGPT의 등장은 인공지능(AI)을 전문가 시대에서 일반 소비자 시대로 바꾼 대전환점이다. 저자들은 생성형 AI를 통해 HR은 어떤 방향, 어떤 방법을 찾아야하는지 핵심을 명쾌하게 제시하고 있다.

윤은기_경영학 박사/ 한국협업진흥협회 회장/ 중앙공무원교육원장

AI는 우리의 일상생활과 업무수행 방식에 큰 영향을 미치기 시작했다. 이 책은 그러한 변화가 HR 분야에서 어떤 형태로 나타나는지에 대한 통찰력을 제공하며, 실용적인 가이드라인과 생생한 사례를 보여주고 있다. 또한 AI의 윤리적 이용에 대한 중요한 논의를 통해서 우리가 AI를 적절하고 책임감 있는 방식으로 사용하는 방법에 대한 이해를 돕는다. 따라서, 기업 운영에 있어서 중요한 핵심 요소이지만 객관적 합리성을 도모하기 어려운 분야인 기업의 인사관리를 독자는 AI를 활용하여 어떻게 효과적으로 개선하고 접목할 수 있는지에 대한 방법을 배울 수 있을 것이다.

김병수_한국HP 상무, 동국대학교 경영대학 대우교수

요즘 최고의 핫 이슈는 ChatGPT이다. 이제 개인의 능력은 ChatGPT를 얼마나 효율적으로 활용할 수 있느냐에 따라 결정된다고 한다. 이 책은 ChatGPT를 인적자원관리(HR)에 어떻게 적용할 것인지를 구체적으로 쉽고 재미있게 알려주는 책이다. 이 책을 통해 4차 산업혁명과 AI시대에 무한경쟁의 파고를 뛰어넘을 수 있는 팁과 지혜를 얻기를 바라며 일독을 권한다.

양병무_감사나눔연구원 원장, (전) 재능교육 대표이사

이 책은 AI가 HR 분야에 어떤 영향을 미칠 수 있는지 명확하게 보여준다. 현실적인 사례와 실질적인 조언을 통해, HR 전문가가 AI를 활용하여 조직의 인사 관리를 개선하는 구체적인 방법을 배울 수 있을 것이다. 조직 내 적극적인 커뮤니케이션을 기반으로 하는 협업을 효율화하고, 직원들의 자율적인 역량 개발을 통해서 조직이 발전할 방법도 AI를 통해 찾을 수 있을 것이다. 다만, AI 활용이 업무 생산성 향상을 위한 것도 좋지만, 사람을 위한 긍정적 방향으로 쓰이기를 바란다.

송상효_오픈플랫폼개발자커뮤니티 이사장, 숭실대학교 겸임교수

HR 각 분야 전문들이 현장에서의 경험과 암묵지를 형식지 한 것으로, 챗GPT를 활용하여 조직의 HR 개선과 향상을 위한 인재개발과 유지, 인재 확보 방법의 아이디어를 제공한다.

엄준하_인력개발학 박사/ 한국HRD협회 이사장 / 월간HRD 발행인

생성형 AI 시대,
변화와 도전은 우리에게 새로운 기회를 제공한다

변화의 물결 속에서 우리는 새로운 시대에 서 있다. 미래에는 어떤 일이 있을지 모르는 불확실성의 바다속에서, 더 이상 변화를 두려워하거나 피할 수 없다는 것은 사실[Fact]이다. 대신, 우리는 그 변화를 받아들이고, 그것을 우리의 장점으로 만들수 있어야 한다. 이 책은 그런 변화의 흐름을 받아들이고 생성형 AI를 이해하고 활용하는 데 있어서 도움을 주는 나침반이 되었으면 한다.

이 책은 인공지능, 특히 생성형 AI인 ChatGPT가 우리의 일상과 산업 분야에서 미치는 광범위한 영향에 대해 접근했다. 특히, HR 분야에 초점을 맞추어, 이 기술이 인재 확보, 유지, 개발 등과 같은 중요한 이슈에 어떻게 접근할 수 있는지에 대한 실질적인 가이드라인을 제공한다. 또한, 이 책은 새로운 기술이 우리 사회에 미치는 윤리적 영향과 대응 방법에 대해 다루었다.

이 책을 출간하기 위하여 HR 분야의 현직 리더와 전문가 20여 명이 함께 깊이 있는 워크숍을 진행하였다. 이 워크숍은 생성형 AI가 HR 분야에 미치는 영향에 대한 다양한 관점을 제공하고, ChatGPT의 활용 방안을 구체적으로 논의하였다. 이를 통해, 이 책은 AI가 HR 분야에서 복잡한 문제를 해결하는 데 어떻게 기여할 수 있는지에 대한 풍부한 사례를 제공한다.

이 책은 변화와 도전을 받아들이는 데 필요한 지식과 ChatGPT를 어떻게 현업 HR 분야에 적용할 것인지에 대해 그 활용 방법을 제공한다. 이러한 ChatGPT 의 활용법을 현업에 적용하여 HR 분야에서의 혁신을 이끌고, 기업의 지속 성장에 있어서 새로운 기회를 찾는 데에 중요한 역할을 할 것이다.

무엇보다, 생성형 AI 시대의 변화의 물결에 두려워하지 않고, 그 도전을 기회로 받아들이는 능력을 갖추기를 바란다는 메시지를 담고 있다. 그 도전은 기술의 발전과 함께 사회의 윤리적 발전도 필요로 한다는 인식에서 출발한다. AI의 발전과 그로 인한 사회적 변화는 분명 도전이지만, 그 도전은 우리에게 새로운 기회를 제공한다.

변화와 도전 앞에서 두려워하거나 회피할 시간적 여유는 많지 않다. 불확실성을 감수하고, 그 안에서 기회를 찾아내는 연습이 중요하다. 이 책을 통해 ChatGPT와 같은 인공지능 기술을 이해하고 활용하는 방법을 배울 수 있다는 계기에 직면 하는 순간 이미 변화는 시작된 것이다. 이 책에서는 기술 발전이 우리 사회에 미치는 윤리적 영향에 대해 깊이 고찰한다. 이는 우리가 새로운 도전과 기회를 마주하면서 능동적으로 대처하는 데 큰 도움이 될 것이다.

본 책의 5개 파트에서는 ChatGPT의 활용과 HR 패러다임의 전환, 인재 채용과 교육 혁신, 소통과 성과 혁신, 바람직한 조직문화 형성, 그리고 HR 혁신의 현재와 미래의 가능성 등 다양한 주제를 다루고 있다. 이 책을 통해 독자들은 현장에서 직면하는 다양한 HR 분야의 복잡한 문제에 대해 해결책을 찾을 수 있을 것이다. 독자 여러분의 손에 이 책이 도움이 되길 바라며, 여러분이 생성형 AI 시대의 변화를 받아들이고 이끌어가는 여정에 즐거운 마음으로 동참할 기회가 되길 바란다.

본 책의 첫 파트에서는 ChatGPT와 같은 생성형 AI의 활용법에 관한 이해와 HR 패러다임의 변화를 다루고 있다. 김기진, 조용민, 고동록의 저자들이 이 주제를 세밀하게 분석하였으며, 그들의 고찰은 독자들에게 인공지능이 HR 분야에서 어떻게 적용되고 있는지에 대한 깊이 있는 이해를 제공한다.

두 번째 파트에서는 ChatGPT를 활용한 인재 채용과 교육 혁신에 대한 주제를 다룬다. 박호진, 최요섭, 심영보, 박은혜의 저자들은 이 영역에서의 AI 활용을 세부적으로 조명하며, 인재 채용과 교육에 있어서 새로운 접근법과 변화를 제안한다.

세 번째 파트에서는 ChatGPT를 활용한 소통과 성과 혁신에 대해 다룬다. 이 파트에서 정미령, 이수연, 이정택, 유병선의 저자들은 조직 내 커뮤니케이션 및 협업 촉진, 직원 경력 개발, 성과 관리 등 다양한 HR 과제에 대해 새로운 시각과 해결책을 제시한다.

네 번째 파트에서는 바람직한 조직문화 형성을 위한 ChatGPT 활용에 관해 탐구한다. 조원규, 홍규원의 저자들은 AI를 활용하여 기업 문화 개선 및 직원 역량 개발, 세대 간 문화 이해와 소통 촉진 등의 이슈에 대한 통찰력 있는 접근법을 제시한다.

마지막 파트에서는 ChatGPT와 HR 혁신의 현재와 미래의 가능성에 대해 논의한다. 하기태, 박동국, 한권수의 저자들은 HR 분야에서의 ChatGPT 활용, AI 언어모델과 윤리적 실천, 그리고 생성형 AI의 역할과 가능성 등에 대해 심도 있게 다루었다.

이 책이 현업에서 HR 업무를 수행하는 데 있어서 변화를 이끌고, HR 분야를 혁신하는 데 필요한 도구와 지식을 제공하는 실용적인 가이드가 되기를 기대한다. 이 책이 독자 여러분의 손에 닿았을 때, 그 순간부터 독자 여러분의 변화와 성장은 시작될 것이다.

물론, 변화는 쉽게 받아들여지는 것은 아니다. 그러나 변화의 물결이 우리에게 향하고 있을 때, 우리는 그것을 두려움 대신 기회로 바라봐야 한다. 이 책을 통해 변화의 원동력인 AI에 대한 깊은 이해를 갖게 되리라 믿는다. 또한 이 책이 독자 여러분이 변화를 주도하고, 자신의 분야에서 혁신을 이루는데 필요한 도구로 활용될 수 있길 바란다.

생성형 AI의 도입은 HR 분야를 넘어, 많은 산업 분야에서 활용되고 있고, 그 영향력은 더욱 확산하고 있다. 이 책에서는 특히 HR 분야에서 AI를 활용하는 방법에 중점을 두고 있지만, 이러한 접근 방식과 원리는 다른 산업 분야에도 적용될 수 있다.

이 책은 기술이 일상과 업무, 사회를 어떻게 혁신하고 있는지에 대한 이해를 넓히는 일에 중요한 자료가 될 것이다. 이 책을 통해 새로운 도구와 지식을 습득함으로써, 더 나은 미래를 향해 나아가는데 중요한 한 걸음을 내딛게 될 것이다.

이 책이 독자 여러분의 성장과 변화, 그리고 성공을 위한 가치 있는 동반자가 되길 바란다. 변화의 물결 속에서 새로운 도전과 기회를 맞이하게 될 여러분을 위해, 이 책이 필요한 지식과 통찰력을 제공하는 가이드가 되고, 함께하는 여정이 뜻 깊고 가치 있는 것이 되길 기대한다.

김기진 한국HR포럼㈜ 대표이사

CONTENTS

| 추천사 | 생성형 AI의 가능성에 대해 HR 전문가의 집단 지성이 돋보이는 책 4

| 들어가며 | 생성형 AI 시대, 변화와 도전은 우리에게 새로운 기회를 제공한다 8

CHAPTER   ChatGPT 활용과 HR 패러다임 전환

1. ChatGPT 활용과 HR혁신 김기진 16

2. HR 분야 ChatGPT 300% 활용법 이해 김기진 20

3. ChatGPT가 주도하는 HR혁신 조용민 30

4. GPT 대전환의 시대의 HR 패러다임 전환 고동록 45

CHAPTER   ChatGPT를 활용한 인재 채용과 교육 혁신

1. 인재 채용 프로세스 개선: ChatGPT 활용 박호진 62

2. 기업 인재상에 입각한 채용 분석도구: ChatGPT 활용 최요섭 79

3. 신입사원 및 중견 사원급 경력자 면접: ChatGPT 활용 심영보 92

4. 직원 교육 및 트레이닝: ChatGPT 활용 박은혜 105

CHAPTER

ChatGPT를 활용한 소통과 성과 혁신

1. 조직 내 커뮤니케이션 및 협업 촉진: ChatGPT 활용 정미령 122

2. 직원경력개발: ChatGPT 활용 이수연 136

3. 성과관리: ChatGPT 활용과 방향 이정택 149

4. 중소기업 및 스타트업: ChatGPT 활용과 방향 유병선 167

CHAPTER

바람직한 조직문화 형성을 위한 ChatGPT 활용

1. 기업 문화 개선 및 직원 역량 개발: ChatGPT 활용 조원규 188

2. 세대 간 문화 이해와 소통 촉진: ChatGPT 활용 조원규 201

3. MZ세대 요구에 부응하는 조직문화 구축: ChatGPT 활용 홍규원 206

4. 세대 간 리더십 스타일의 차이와 조화: ChatGPT 활용 홍규원 215

CHAPTER

ChatGPT와 HR 혁신: 현재와 미래의 가능성

1. HR 분야에서의 ChatGPT 활용: 윤리적 가이드라인 하기태 224

2. 도구적 인간의 책임: AI 언어모델과 윤리적 실천 박동국 234

3. HR 혁신의 주역, 생성형 AI: ChatGPT의 역할과 가능성 한권수 247

4. 인공지능의 HR 적용: ChatGPT의 한계와 도전 한권수 253

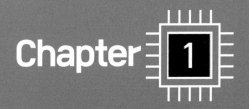

Chapter 1

ChatGPT 활용과
HR 패러다임 전환

ChatGPT 활용과 HR혁신

| 김기진 |

다양한 산업 변화의 중심에는 인공지능^{AI}, 드론, 로봇, 빅데이터, 사물인터넷 ^{IoT}, 자율주행, 가상현실과 증강현실, 블록체인, 생명공학 등이 빠른 속도로 이끌고 있다. 이러한 산업 변화는 새로운 기술과 일자리 창출, 경제적 발전을 가져오지만, 동시에 기존 산업과 사회를 변화시키며 불안감과 두려움을 일으킨다. 그러나, 이러한 변화에 대한 대처와 적응은 새로운 기회와 가능성을 제공할 뿐만 아니라, 일자리 창출과 경제적 발전을 촉진한다.

ChatGPT는 생성형 AI 시대에 놀라운 능력을 발휘하여, 새로운 가능성과 기회를 기업과 개인에게 제공하고 있다. 생성형 AI 기술은 누구나 손쉽게 사용할 수 있어서, 다양한 분야에서 활용되고 있으며, 사용자의 수준에 따라 기대 이상의 혁신적인 결과를 도출해 내고 있다. 더욱이, 생성형 AI의 놀라운 기능은 새로운 산업 분야의 등장이나 기존 산업 분야에 혁신적인 변화의 가능성을 열어주어 일자리 창출과 경제적 발전의 기폭제가 되고 있다.

그러나, 새로운 기술의 활용은 윤리적인 문제들을 일으킬 수 있다. ChatGPT 와 같은 생성형 AI 기술은 인간의 노동력을 대체할 수도 있으며, 일자리가 감소할 가능성이 크다. 또한, 기술의 활용 과정에서 사회적, 윤리적 측면 역시 고려해야 할 대상이다. 이러한 문제점에 대해서는 그것이 무엇인지 명확하게 파악하고, 이를 개선 발전시키는 노력을 해야 한다. 문제 해결에 있어서 관련 업계와 개인은 새로운 기술은 적극적으로 습득하고, 활용하는 방법을 배우면 서 스스로가 개선하며 적응해 나아가야 한다.

ChatGPT는 생성형 AI 모델로, 정답을 제시하는 것이 아니라 사용자가 스스 로 답을 찾을 수 있도록 도와주는 역할을 한다. 이러한 특징은 HR 분야에서 ChatGPT를 활용하는 데 있어서 큰 장점이다. ChatGPT는 글쓰기에 최적화 되어 있으므로 사용자는 질문을 할 때 구체적인 상황을 제시하고, 기대하는 결과물의 형태를 명확하게 제시해야 기대하는 응답을 끌어낼 수 있다. 이를 통해 ChatGPT가 사용자의 의도를 더욱 정확하게 이해하고 적절한 응답을 제공할 수 있게 된다. ChatGPT는 하나의 답변을 제공하는 것이 아니라, 많은 경우의 수를 고려하여 다양한 응답을 제공한다.

ChatGPT를 효과적으로 활용하기 위해서는 ChatGPT 특징인 이론, 감성 및 추론 능력을 최대한 활용할 수 있는 질문 스킬을 먼저 익혀야 한다. ChatGPT 특성에 맞는 질문을 하기 위해서 사용자는 질문을 더욱더 상세하게 제시해야 한다. ChatGPT에 구체적인 질문을 하기 위해서는 상황, 목적 및 원하는 결과물에 관해 구체적이고 상세하게 질문을 해야 한다. ChatGPT는 질문의 수준에 따라 응답 결과물이 달라지기 때문에 기업 내부에 프롬프트 엔지니어를 별도로 두어 질문의 품질을 높여보는 것도 의미가 있다.

HR 분야에서 일하는 많은 인사 담당자들은 인력 관리와 관련된 다양한 문제들을 해결해야 한다. 이러한 문제들은 기업의 성장과 발전에 있어서 매우 중요하며, 해결하지 못하면 기업의 경쟁력이 크게 하락할 수 있다. 그래서, ChatGPT와 같은 AI 기술을 활용하여 HR 분야에서 발생하는 문제를 해결하는 것은 매우 중요하다.

ChatGPT를 사용함으로써, HR 담당자들은 인재 확보, 인재 유지, 인재 개발과 같은 문제를 더욱 전문적으로 다룰 수 있다. 또한, ChatGPT를 사용하여 효율적인 인사 관리를 할 수 있으며, 불필요한 업무를 줄이고 업무 처리 속도를 높일 수 있다. 이러한 방법들은 HR 분야에서 발생하는 문제들을 해결하는 것은 물론, ChatGPT를 활용하여 업무 생산성을 향상하는 것도 가능하다는 것을 보여주고 있다.

ChatGPT를 보다 효과적으로 활용하기 위해서는 적절한 질문을 하여 모델의 이론, 감성 및 추론 능력을 최대한 활용해야 한다. 각각의 특성에 맞는 질문을 하기 위해서는 사용자가 질문을 하는 목적을 명확히 하고, 기대하는 수준을 상기하며 질문을 반복 시도하는 과정에서 양질의 응답을 기대할 수 있다.

최근 들어, ChatGPT와 같은 AI 기술을 활용하여 HR 분야에서 발생하는 문제들을 해결하는 사례들이 늘어나고 있다. 이러한 사례들을 통해, HR 분야에서 AI 기술의 활용이 더욱 필요하다는 것을 알 수 있다. 앞으로 기업들은 ChatGPT와 같은 AI 기술을 활용하여 HR 분야에서 발생하는 문제들을 빠르고 정확하게 해결할 수 있을 것이다.

김기진 한국HR포럼 대표로 15년간 제169회 KHR포럼 개최(회원 2,700명)와 매년 'KHR FTP 인사&인재개발 실태 조사'를 발간하고 있다. 저서: 《아하 나도 줌(Zoom) 마스터》, 공저: 《MZ 익스피리언스》, 《왜 지금 한국인가》, 《하루하루 시작(詩作)》, 《내 인생의 선택》, 《코로나 이후의 삶 그리고 행복》 등

02

HR 분야 ChatGPT 300% 활용법 이해

| 김기진 |

ChatGPT 이해하기

ChatGPT는 인공지능 기술의 발전으로, 대규모 언어 모델로 개발되었다. 이 모델은 인공신경망을 사용하여 자연어 처리 작업을 수행하며, 대용량 데이터를 기반으로 사전에 언어 패턴과 지식을 학습한다. 이렇게 학습된 모델은 다양한 대화 상황에서 유연하고 자연스러운 응답을 생성할 수 있다. 대화의 일관성과 응답의 타당성을 향상하는 방향으로 세부 조정이 이루어진다. 이러한 조정 과정에서는 모델을 평가하고, 세부적으로 조정하여 성능을 향상한다. 이렇게 세밀한 조정을 통해, ChatGPT는 높은 수준의 정확성과 일관성을 유지할 수 있다.

ChatGPT는 대화형 AI 모델로서, 다양한 주제와 대화 상황에서 응답을 생성할 수 있다. 하지만, 응답은 학습 데이터에 기반하여 생성되기 때문에, 정보의 정확성과 품질은 보장되지 않을 수 있다. 따라서, 실제 응용 시나리오에서는 결과를 신중하게 검토하고, 필요한 경우 정보의 재확인이 필요하다.

ChatGPT의 개발 과정은 자료수집, 사전 처리, 모델 학습, 세부 조정으로 이루어진다. 데이터 수집은 ChatGPT를 개발하는 데 필요한 다양한 주제와 문체의 텍스트 자료를 수집하는 과정이다. 이 과정에서는 인터넷에서 크롤링하거나 공개된 문서, 책, 웹사이트 등에서 데이터를 수집한다. 수집된 데이터는 사전 처리 과정을 거쳐 모델의 학습에 적합한 형식으로 변환된다. 이 과정에서는 데이터를 전처리하여, 학습에 적합한 형식으로 변환한다. 모델 학습은 전처리 된 데이터를 사용하여, 입력 문맥을 이해하고 다음 단어를 생성하는 방법을 학습하는 과정이다. 이 과정에서는 모델이 문맥에 맞는 응답을 생성할 수 있도록 학습이 이루어지는 것이다.

구분	GPT-1	GPT-2	GPT-3	GPT-3.5	GPT-4
매개변수	1억 1.700만	15억	1,750억	1,750억	1조 이상
핵심기능	문장 의미 파악 분류 유사도 판단	번역 및 작문 간단한 대화	간단 코칭 텍스트 요약	시나리오, 보고서 광고 카피 생성 기억: 3천개	텍스트 구성 강화 이미지 이해 추론 강화 기억: 2만5천개
시기	2018년	2019년	2020년	2022년	2023년

출처: 한국HR포럼

ChatGPT 응답 생성 과정

ChatGPT는 사용자로부터 질문을 받으면, 그 질문을 이해하고 적절한 응답을 생성하는 일련의 과정을 거치게 된다. 이 과정은 다음과 같다.

- **텍스트 입력 수신** 사용자로부터 질문이나 문장을 입력으로 받는다.
- **토큰화** 수신한 입력 텍스트를 처리할 수 있는 형식으로 변환한다. 이 과정에서 입력은 개별 단어나 구^{Phrase}로 분해되는데, 이를 '토큰화'라고 한다. ChatGPT는 이 과정을 통해 입력을 분석하고 이해한다.
- **문맥 이해** ChatGPT 모델은 각 단어나 구가 가지는 개별적인 의미뿐만 아니라, 그것이 문장 안에서 어떤 역할을 하는지, 어떤 문맥에서 사용되는지를 이해하려고 한다. 이 과정에서 모델은 텍스트를 분석하고 의미를 파악한다. 예를 들어, '사과'라는 단어가 '과일' 문맥에서 사용되는지, '기업' 문맥에서 사용되는지 등을 이해한다.
- **응답 생성** ChatGPT 모델은 입력과 그 문맥을 바탕으로 적절한 응답을 생성한다. 이 응답은 초기 버전일 수 있으며, 여러 번의 반복을 통해 개선될 수 있다. 이 과정에서 모델은 입력을 분석하고 적절한 답변을 생성한다.

ChatGPT는 문맥 이해 과정을 더욱 정교하게 진행하며, 각 단어나 구의 문맥에서의 역할에 대해 깊이 파고들어 파악한다. 이를 통해 모델은 더욱 정확한 응답을 생성할 수 있게 된다.

ChatGPT는 복잡한 내부 처리 과정을 거치지만, 사용자는 거의 인식하지 못한다. ChatGPT는 효율적으로 질문을 분석하고 적절한 응답을 생성하여 사용자에게 거의 즉시 응답한다. 이를 통해 사용자는 빠르게 원하는 정보를 얻을 수 있다. ChatGPT 모델은 응답 생성 과정에서 추가적인 정보를 입력하여 정보 전달의 정확도를 높일 수 있으며, 이를 통해 사용자는 더욱 풍부한 답변을 받을 수 있게 된다.

ChatGPT 질문의 유형

ChatGPT는 다양한 유형의 질문에 대해 효과적으로 응답하도록 설계되어 있다. 이에는 일반 지식, 개념 설명, 조언, 글쓰기 도움, 그리고 상황 가정에 기반한 질문 등이 포함된다.

첫째, 일반적인 지식에 관한 질문: 이 유형의 질문은 과학, 역사, 문화, 언어와 같은 다양한 주제에 대한 정보를 찾는 데 사용된다. 예를 들어, "지구의 지름은 얼마인가요?" 또는 "프랑스 혁명은 언제 발생했나요?" 등의 질문을 통해 기존의 지식을 확장하고 새로운 정보를 습득할 수 있다.

둘째, 개념 설명에 관한 질문: ChatGPT는 복잡한 개념을 이해하고 설명하는 데 매우 유용하다. 예를 들어, "블록체인이란 무엇인가요?" 또는 "양자 컴퓨터는 어떠한 특징이 있나요?"와 같은 질문을 통해 복잡한 주제나 개념을 더욱 쉽게 이해할 수 있게 도와준다.

셋째, 조언에 관한 질문: 이 유형의 질문은 일반적인 상황에 대한 조언을 찾는 데 도움이 된다. 심리학적 인사이트나 스트레스 관리 전략, 시간 관리 방법 등이 이에 해당한다. 예를 들어, "스트레스를 관리하는 방법에는 무엇이 있나요?"와 같은 질문을 통해 일상적인 상황에서 더 나은 결정을 내리고, 더 나은 삶을 살 수 있도록 도와준다. 질문 과정에서 보다 상세한 상황을 제시해 주면 더 심도 있는 조언을 얻어낼 수 있다.

넷째, 문서 작성에 도움을 주는 질문: 이 유형의 질문은 글쓰기, 편집, 표현의 개선 등에 대한 도움을 찾는 데 사용된다. 예를 들어, "이 문장을 더 효과적으로 다시 쓸 수 있을까요?"와 같은 질문을 통해 더 나은 글쓰기 기술을 배우고, 효과적인 글을 쓰는 데 도움을 준다. "아래 문장의 어색한 부분을 찾아주세요."라고 질문하면 전체적인 문맥을 분석하여 보완할 내용을 제시해 준다.

다섯째, 상황 가정에 기반한 질문: 이 유형의 질문은 상상력을 자극하며, 우리가 더 나은 결정을 내리는 데 도움을 준다. "만약 달이 갑자기 사라진다면 지구에 어떤 일이 일어날까요?"와 같은 질문을 통해 미래에 대한 예측력과 상상력을 향상하고, 우리의 사고력을 더욱 발전시킬 수 있다. 또한, 이런 질문들은 우리가 미래에 대한 위험과 가능성에 대해 더욱 민감해지게 하고, 예측력을 향상하는 데 도움을 준다.

이처럼, ChatGPT는 일반 지식, 개념 설명, 조언, 글쓰기 도움, 상황 가정에 기반한 질문 등 다양한 질문을 통해 기존 지식을 확장하고 새로운 정보를 습득할 수 있게 도와준다.

필자는 일상적인 상황에 대한 조언뿐만 아니라 글쓰기 및 편집에 주요하게 사용하고 있다. 2020년 팬데믹 상황에 《아하 나도 Zoom(줌) 마스터》를 출판하고, 'Zoom PD 전문가' 과정을 개설하여 Zoom PD 1,300명을 육성했다. 현재 ChatGPT 300% 활용법 강의도 온라인과 오프라인을 합쳐서 3,700명이 수료했다. 대학교 교직원과 학생은 물론 기업체 임직원과 CEO 특강을 진행할 정도로 ChatGPT에 대한 관심과 활용도는 매우 높았다. 특히, CahtGPT를 활용한 업무 생산성 향상 워크숍을 통해 개인과 조직의 역량 강화가 짧은 시간에 이루어짐에 놀라움을 실감했다.

ChatGPT의 특이점

인공지능 언어 모델인 ChatGPT는 고도의 학습 알고리즘과 방대한 데이터를 기반으로 이성적, 감성적, 추론적 능력을 표현할 수 있다. 이러한 능력은 다양한 언어 작업에서 활용될 수 있으며, 대화형 인터페이스, 자동 요약, 생성, 번역 등에 적용될 수 있다.

이성 – 감성 – 추론

ChatGPT는 학습된 데이터와 알고리즘에 근거하여, 이성적, 감성적, 추론적인 능력을 활용하여 사용자의 요구에 맞게 대화를 진행하고, 다양한 작업을 수행할 수 있다. ChatGPT는 다양한 분야에서 문제 해결, 정보 분석 및 광범

위한 주제에 대한 정확하고 풍부한 정보를 이성적으로 처리할 수 있는 능력을 갖추고 있다. 이를 위해 ChatGPT는 과학, 역사, 문학 등 다양한 분야의 정보를 학습하여 지식을 활용해 질문에 대한 답변을 제공할 수 있으며, 이들 정보를 조합해 새로운 아이디어를 제안하기도 한다.

감성적인 능력은 ChatGPT의 또 다른 강점이다. ChatGPT는 문장의 톤, 감정, 뉘앙스를 이해하고 반영하여 사용자와의 대화에서 감성적인 요소를 고려하고 적절하게 반응한다. ChatGPT는 사람의 말투, 감정, 태도 등을 파악하여 대화를 이어가며, 사용자의 감정 상태를 이해하여 적절하게 반응한다. 이러한 감성적인 능력은 고객 서비스, 교육, 커뮤니케이션, 엔터테인먼트 등 다양한 분야에서 유용하게 활용될 수 있다.

또한, 추론적인 능력도 갖추고 있는 ChatGPT는 제공된 정보를 바탕으로 결론을 도출하거나 예측하며, 이 능력은 질문에 대한 답변 제공, 문맥 이해, 미래에 대한 예측 등에서 활용된다. ChatGPT는 금융 분야에서 활용되어 주가 예측, 투자 전략 등을 제공하는 데에도 이용할 수 있다. 이러한 추론적인 능력은 비즈니스, 금융, 경제, 보안 등 다양한 분야에서 유용하게 활용될 수 있다.

그러나 이러한 능력들은 모두 학습된 데이터와 알고리즘에 근거하여 응답하므로 사람과 같은 독창적이거나 복잡한 사고 능력을 발휘하는 데는 한계가 있다. 이러한 한계를 인식하면서도, ChatGPT는 AI 기술의 발전과 함께 더욱 발전될 것으로 기대되며, 다양한 분야에서의 활용 가능성을 넓혀갈 것이다.

기업이나 조직에서는 ChatGPT의 능력을 활용하여 고객 서비스, 교육, 커뮤니케이션, 엔터테인먼트 등 다양한 분야에서 더 나은 서비스를 제공하고 있다. ChatGPT는 인공지능 분야에서의 역할도 크며, 이를 통해 혁신적인 서비스와 새로운 비즈니스 모델 발굴에 탁월한 능력을 보여준다. 또한, ChatGPT는 인간의 언어 이해와 생성 능력에 관한 연구를 돕고, 다양한 분야에서의 활용 가능성을 넓혀가고 있다. 이러한 기술의 발전은 인간과 컴퓨터의 상호작용을 더욱 원활하게 만들어, 더 나은 미래를 창출할 수 있을 것이다.

ChatGPT는 다양한 분야에서 뛰어난 성과를 보여주고 있으며, 이러한 기술은 미래의 세상에서 더욱 중요해질 것이다. 빅데이터와 인공지능 기술이 발전하면서, ChatGPT와 같은 언어 모델은 더욱 정교해질 것이며, 인간과 기계 간의 상호작용은 더욱 원활해질 것이다. 이에 따라 우리는 ChatGPT와 같은 언어 모델이 제공하는 다양한 장점을 더욱 활용하며, 인공지능 기술의 발전을 끌어나갈 필요가 있다.

ChatGPT 300% 활용법

ChatGPT를 보다 효과적으로 활용하기 위해서는 적절한 질문을 하여 모델의 이론, 감성 및 추론 능력을 최대한 활용해야 한다. 이를 위해서는 사용자는 ChatGPT의 특성을 잘 이해하고, 각각의 특성에 맞는 질문을 하기 위해 노력해야 한다.

ChatGPT: 질문 2단계

ChatGPT는 기술적으로 말하면, 자연어 처리[NLP] 분야에서 가장 최근에 개발된 인공지능 모델 중 하나이다. ChatGPT의 기능은 대화를 통해 상호작용할수 있는 인공지능 챗봇으로 설계되어 있어서 언어 이해, 문장 생성, 번역, 요약, 질문-답변 등 다양한 자연어 처리 작업을 수행할 수 있다.

ChatGPT의 이론 능력을 활용하기 위해서는 전문적인 지식보다는 오히려, 구체적인 질문을 통해 ChatGPT가 더욱 정확한 답변을 제공할 수 있다. 따라서, 사용자는 ChatGPT에 구체적인 상황, 목적 및 원하는 결과물에 대해 명확하게 제시해야 한다.

또한, ChatGPT의 감성 능력을 활용하기 위해서는 사용자가 감정적인 단어나 문장을 사용하여 질문을 해야 한다. 이에 따라, ChatGPT는 사용자의 감정을 파악하고, 더욱 적절한 답변을 제공할 수 있게 된다. 예를 들어, "오늘 일이 너무 힘들어서 스트레스가 많이 쌓였어요. 어떻게 해야 할까요?"와 같이 감정을 드러내는 질문을 하면 ChatGPT가 더욱 적절한 답변을 제공할 수 있다.

ChatGPT의 추론 능력을 활용하기 위해서는 캡처 질문을 활용할 수 있다. 캡처 질문은 ChatGPT의 응답 결과물 중에서 상세한 정보를 더 얻고자 할 때 유용하다. 일부분을 캡쳐하여 다시 물어보면, ChatGPT는 보다 심도 있는 답변을 제공할 수 있다. 따라서, 사용자는 ChatGPT의 응답 결과물을 자세히 분석하고, 필요한 정보를 추가로 물어볼 수 있다. ChatGPT는 글쓰기에 최적화되어 있어서, 사용자는 질문을 던지기 전에 질문의 상황을 상세하게 제시해 줄 필요가 있다. 이를 통해 ChatGPT가 사용자의 의도를 더욱 정확하게 이해하고 적절한 응답을 제공할 수 있게 된다.

사용자는 ChatGPT의 특성과 기능을 잘 이해하고, 구체적인 질문을 하며, 적극적인 캡처 질문을 활용하여 ChatGPT를 보다 효과적으로 활용할 수 있도록 노력해야 한다.

김기진 한국HR포럼 대표로 15년간 제169회 KHR포럼 개최(회원 2,700명)와 매년 'KHR FTP 인사&인재개발 실태 조사'를 발간하고 있다. 저서: 《아하 나도 줌(Zoom) 마스터》, 공저: 《MZ 익스피리언스》, 《왜 지금 한국인가》, 《하루하루 시작(詩作)》, 《내 인생의 선택》, 《코로나 이후의 삶 그리고 행복》 등

ChatGPT가 주도하는 HR혁신

| 조용민 |

사람들은 궁금한 것이 생기면 빠르고 쉽게 답을 얻는 방법을 연구해왔다. 1990년대 이전, 인터넷이 보편적으로 보급되기 전에는 도서관이나 서점 등 물리적 장소에서 검색 1세대를 이용했다. 1990년대 이후, 컴퓨터와 인터넷의 대중화로 구글, 네이버, 다음 등 검색 엔진을 활용한 검색 2세대가 시작되었다. 현재는 빅 데이터를 활용하여 검색 3세대인 ChatGPT 시대를 맞이하고, 서비스 사용자의 질문을 이해하고 분석하여 요구자의 입맛에 맞는 정보를 요약·정리해주는 인공지능 시스템이 활용된다.

AI의 발전은 머신러닝, 딥러닝, 생성형 AI 등이 등장하면서 진행되었으며, 다음에는 〈완성형 AI〉가 등장하지 않을까 생각된다. 이러한 인공지능 기술들은 사람 중심의 HR 분야에 어떤 영향을 미칠지 고민해봐야 한다. 또한, 이러한 기술을 어떻게 활용할 것인지, 미리 대비해야 할 문제점들에 대해 생각해

보는 것이 필요하다.

【Fact】 다음은 ChatGPT를 활용하여 인공지능이 HR 분야에 어떠한 영향을 줄 것인지를 함께 고민해 보았다.

Q1) AI가 생각하는 HR의 정의와 의미에 대해서 알려줘.

A) HR은 Human Resources의 약자로 직원 관리를 담당하는 조직 내 부서를 말합니다. HR 부서는 채용 및 고용, 직원 교육 및 개발, 성과관리, 복리 후생 관리, 보상 및 급여 관리, 직원 관계를 포함한 광범위한 작업을 담당합니다. HR 부서의 주요 목표는 최선을 다할 동기가 있는 우수한 직원을 유치하고 유지하는 긍정적인 작업 환경을 만드는 것입니다. 여기에는 직원 성장과 개발을 지원하는 정책 및 관행 개발, 직원 복리 후생 및 보상 관리, 협업, 혁신 및 포괄성을 촉진하는 직장 문화 조성이 포함됩니다. HR 관리자는 고용법 및 규정을 철저히 이해하고 있어야 하며 조직이 모든 관련 규정 및 표준을 준수하도록 다른 부서와 긴밀히 협력해야 합니다.

Q2) 위에서 말한 HR의 정의 말고 다른 형태의 정의들이 있다고 하는데 HR을 좀 더 다양한 관점으로 보는 시각에 대해서 알려줘.

A) HR의 전통적인 정의는 조직 내 직원 관리에 초점을 맞추지만 보다 다양한 관점에서 HR을 보는 다른 많은 방법이 있습니다. 다음은 몇 가지 예입니다.

- **전략적 파트너** 이 관점에서 HR은 조직의 전략적 파트너로 간주하며, 고위 리더와 긴밀히 협력하여 조직의 목표에 부합하는 전략을 개발하고 실행합니다. 이 역할의 HR 관리자는 핵심 인재 요구 사항을 식별하고 조직

의 성공을 주도할 수 있는 우수한 직원을 유치, 개발 및 유지하기 위한
프로그램을 개발할 책임이 있습니다.

● 직원 옹호자 이 관점에서 HR은 조직 내 직원의 권리와 이익이 보호되도
록 노력하는 직원의 옹호자로 간주합니다. 이 역할의 HR 관리자는 직원
복지를 지원하는 정책 및 관행을 개발하고, 직원 고충 및 불만을 관리하
고, 직원이 목표를 달성할 수 있도록 지원 및 리소스를 제공할 책임이
습니다.

● 문화 챔피언 이 관점에서 HR은 창의성, 협업 및 혁신을 촉진하는 작업
환경을 개발하고 유지하기 위해 노력하는 조직 문화의 챔피언으로 간주
합니다. 이 역할의 HR 관리자는 조직의 가치와 목표를 지원하고 다양성
과 포용성을 촉진하며 지속적인 학습과 성장 문화를 조성하는 프로그램
과 이니셔티브를 만드는 일을 담당합니다.

HR에 대한 이러한 다양한 관점은 조직 내 HR 관리자의 다양한 역할과 책임
을 강조하고 단순히 직원 관리를 넘어 전략적이고 전체론 적인 관점에서 HR을
보는 것의 중요성을 강조합니다.

【Think】 최근 HR 전문가들 사이에서는 HR을 인적자원관리[HR:Human Resource]
측면보다는 HR[Human Respect] 또는 HR[Human Relationship]으로 접근하면서 사람 관
리 중심에서 존중과 관계 중심으로 폭넓은 의미로 해석하고 이해하려는 움직
임이 많이 있는데 확장형 질문을 통해서 AI도 다양한 관점으로 HR을 다루는
것을 알 수 있다.

다음은 ChatGPT에 HR 분야에 AI에 관해 관심을 가져야 하는 이유에 대해

함께 고민해 보았다.

Q3) HR 분야에서 AI에 관심을 두고 사용해야 하는 이유는 무엇인지 설명해줘.

A) 조직이 HR 분야에서 AI에 관심을 두고 사용해야 하는 몇 가지 이유가 있습니다.

HR에서 AI를 사용하는 주요 이점 중 일부는 다음과 같습니다.

- **효율성 향상** AI는 이력서 심사, 지원자 매칭 및 면접 일정과 같은 반복적이고 시간 소모적인 작업을 자동화하여 HR 전문가가 더 전략적이고 가치를 창출하는 활동에 집중할 수 있도록 합니다.

- **정확도 향상** AI는 대량의 데이터를 분석하고 사람이 놓칠 수 있는 패턴과 통찰력을 식별하여 인재 확보, 성과관리, 직원 참여와 같은 영역에서 더 정확하고 정보에 입각한 의사 결정을 내릴 수 있습니다.

- **다양성 및 포용성 향상** AI는 객관적인 기준을 사용하여 지원자를 식별하고 평가함으로써 채용 프로세스에서 인간의 편견을 제거하여 더욱 다양하고 포용적인 인력을 만들 수 있습니다.

- **지원자 경험 개선** AI 기반 채용 도구는 지원자에게 더 간소화되고 개인화된 경험을 제공하여 채용 프로세스에 대한 참여도와 만족도를 높일 수 있습니다.

- **더 나은 유지** AI는 이탈 또는 직무 불만족과 같은 직원 이직의 잠재적인 원인을 식별하는 데 도움이 될 수 있으므로 조직은 유지를 개선하고 이직과 관련된 비용을 줄이기 위한 사전 조치를 할 수 있습니다.

전반적으로 HR 분야에서 AI를 사용하면 빠르게 진화하는 비즈니스 환경에서 조직이 더 민첩하고 데이터 중심적이며 경쟁력을 갖추도록 도울 수 있습니다. 그러나 사용할 수 있는 옵션을 신중하게 평가하고 개인 정보 보호 문제, 윤리적 고려 사항, 지속적인 모니터링 및 감독의 필요성과 같은 AI 구현의 잠재적 위험과 제한 사항을 고려하는 것이 중요합니다.

【Think】 기업은 최소한의 비용으로 최대한의 성과를 내기 위해 HR 분야에서도 빅 데이터를 활용할 수 있다. 이를 통해 인재를 선발하고 채용하는 과정에서부터 교육, 육성, 성장을 보다 효율적으로 지원할 수 있다. 또한 생성형 AI는 좋은 협업 도구가 될 수 있다. 예를 들어, 팀 프로젝트에서 팀원들의 역할을 분담하고 일정을 관리하는 등의 작업에서 AI가 도움을 줄 수 있다. 이러한 방식으로 AI와 인간의 협업이 더 원활해질 것이다.

그렇다면 HR담당자는 ChatGPT를 어떻게 학습하면 될까?

HR 담당자가 GPT와 관련된 학습을 시작하고자 하는 경우, OpenAI에서 제공하는 공식문서와 개발자 커뮤니티, 온라인 포럼 등을 통해 ChatGPT에 대한 사용 방법과 관련된 정보를 얻을 수 있다. HR 담당자는 GPT를 더욱 효과적으로 활용할 수 있으며, 이를 통해 조직의 비즈니스 프로세스를 개선하고 생산성을 높일 수 있다. 국내에서는 한국지능정보사회진흥원^{www.aihub.or.kr}에서 운영하는 AI-Hub 플랫폼을 활용할 수 있다. AI-Hub는 2017년부터 진행한 인공지능 학습용 데이터 구축 및 확산 사업의 목적으로, AI 기술 및 서비스 개발에 필수적인 인공지능 학습용 데이터, 소프트웨어, 컴퓨팅 자원 등의 정보를 제공한다. 따라서 HR 담당자는 AI-Hub를 활용하여 GPT에 대한 더 많은 정보를 습득하고, 인공지능 기술에 대한 이해도를 높일 수 있다.

ChatGPT를 학습하는 것은 새로운 기술을 습득하는 것을 의미한다. HR 담당자들은 현재 개발자 중심의 교육과 훈련이 많이 제공되기 때문에 ChatGPT의 활용적인 측면을 학습하려는 노력이 한계적이라고 생각할 수 있다. 그러나 ChatGPT의 활용은 조직 내에서 학습하고 전개하는 것이 중요하다. 왜냐하면 조직 내에서 역량 개발의 책임지고 있는 사람들이기 때문이다. 따라서, HR 분야에서 ChatGPT의 활용을 먼저 학습하고 조직 내에서 적용함으로써 직원들의 역량 개발과 생산성 향상, 조직의 생존에 직결될 수 있는 문제를 다룰 수 있다.

【Fact】다음은 인력 채용에 ChatGPT를 활용한 사례에 대해 정리해 보았다.

Q4) AI를 활용해서 인재들을 채용하고 있는 한국기업들의 사례를 소개해줘.

A) AI를 활용하여 인재 채용에 성공한 한국기업들의 몇 가지 사례를 소개해 드리겠습니다.

- **삼성전자** 삼성전자는 AI 기술을 활용한 채용 솔루션을 도입하여 인재를 선발하는 데에 주력하고 있습니다. 삼성전자는 자기소개서와 면접 데이터를 수집하여 AI 알고리즘을 활용하여 인재의 역량과 적합성을 분석합니다. 또한, 삼성전자는 AI 기반의 인재 데이터베이스를 구축하여 채용 담당자들이 효율적으로 인재를 탐색하고 분석할 수 있는 환경을 제공합니다.

- **LG전자** LG전자는 AI 기반의 채용 플랫폼을 개발하여 채용 프로세스를 자동화하고 효율화하는 데 주력하고 있습니다. 이 플랫폼은 자동화된 채용 과정을 통해 수많은 지원자를 분석하고 평가하여 가장 적합한 인재

를 선발합니다. 또한, LG전자는 인재의 역량과 성향을 파악하는 데에도 AI 기술을 활용하여 채용 절차를 보다 공정하고 객관적으로 운영하고 있습니다.

- **카카오** 카카오는 AI 기반의 인재 채용 플랫폼인 '카카오 인재 시장'을 운영하고 있습니다. 이 플랫폼은 지원자의 이력서와 자기소개서를 분석하여 핵심 역량과 적합도를 평가하고, 자동으로 면접 스케줄링을 진행하는 등의 기능을 제공합니다. 또한, 카카오는 AI 기반의 채용 알고리즘을 개발하여 기업의 필요에 맞는 인재를 찾아내는 데에 활용하고 있습니다.

- **네이버** 네이버는 AI 기반의 채용 플랫폼인 '네이버 잡코리아'를 운영하고 있습니다. 이 플랫폼은 지원자의 이력서와 자기소개서를 분석하여 핵심 역량과 적합도를 평가하고, 지원자와의 맞춤형 인터뷰 일정을 자동으로 조율하는 등의 기능을 제공합니다. 또한, 네이버는 AI 알고리즘을 활용하여 기업의 요구에 가장 적합한 인재를 추천하는 인재 매칭 시스템을 구축하고 있습니다.

- **쏘카** 쏘카는 AI를 활용하여 자율주행 기술을 개발하는 데 주력하고 있습니다. 자율주행 기술은 많은 엔지니어링과 소프트웨어 개발 인재를 필요로 하지만, 이러한 인재를 찾는 것은 어려운 과제입니다. 쏘카는 AI를 활용하여 자동차 엔지니어링과 소프트웨어 개발자 등의 인재를 신속하게 찾아내고, 이에 대한 평가 및 적합성을 분석하여 자율주행 분야의 인재를 채용하는 데에 성공하고 있습니다.

【Think】 한국의 IT 기술을 선도하고 있는 기업체들은 AI를 활용한 인재 채용 방식을 적극적으로 고려하고 활용하고 있다. 이를 위해 데이터 분석과 AI 알고

리즘, 자동화된 채용 프로세스, 맞춤형 인재 매칭 등을 고려해 AI를 활용하여 빠르고 정확한 채용 절차를 구축하고 있다. 이러한 노력은 기업의 요구에 가장 부합하는 인재를 찾아내는 데 기여하며, 효율성과 객관성을 높이는 데에도 큰 역할을 한다. 이렇게 기업들은 AI 기술을 활용하여 경쟁력 강화에 주력하고 있으며, 현대 사회의 흐름에 맞춰 최대한 활용하고 있는 것으로 보인다. 이러한 노력이 향후 많은 기업에도 의미 있는 메시지를 전달할 것으로 기대된다. 또한, 이러한 노력은 새로운 기술, 새로운 아이디어, 새로운 패러다임을 만들어냄으로써 새로운 산업을 창출하는 데에도 큰 역할을 할 것이다.

Q5) AI를 이용해 채용 프로세스를 단순화하고 지원자를 선별한 기업과 AI를 사용하지 않은 기업을 비교하여 입사자의 조기 퇴사율을 확인해줘.
A) AI를 이용해 채용 프로세스를 단순화하고 지원자를 선별한 기업과 AI를 사용하지 않은 기업을 비교하여 입사자의 조기 퇴사율을 확인한 결과, AI를 사용한 기업의 조기 퇴사율이 AI를 사용하지 않은 기업보다 낮은 것으로 나타났습니다.

AI를 사용한 기업의 조기 퇴사율은 10%였으며, AI를 사용하지 않은 기업의 조기 퇴사율은 20%였습니다. 이는 AI를 사용한 기업이 AI를 통해 지원자의 역량과 적합성을 더 정확하게 평가할 수 있었기 때문으로 분석됩니다.

AI는 채용 프로세스를 단순화하고 지원자를 선별하는 데 효과적인 도구입니다. AI를 사용하면 채용담당자는 지원자의 이력서와 자기소개서를 검토하는 시간을 줄일 수 있으며, 더욱 정확하게 지원자를 평가할 수 있습니다. 또한, AI

는 지원자의 역량과 적합성을 더 정확하게 평가할 수 있어서 조기 퇴사율을 낮추는 데에도 도움이 됩니다.

AI는 채용 프로세스를 효율적으로 개선하고 조기 퇴사율을 낮추는 데 효과적인 도구입니다. AI를 사용하면 채용담당자는 더 정확하게 지원자를 평가하고, 조기 퇴사율을 낮출 수 있습니다.

【Think】 2022년 기준 중소기업의 1년 미만 신입 사원의 조기 퇴사율은 17.1%로, 이는 상당히 높은 수치이다. 이를 해결하기 위해 다양한 기업이 채용 프로세스를 개선하고, AI 기술을 도입하고 있다. 예를 들어, 삼성전자, LG전자, 현대자동차, SK하이닉스, 네이버, 카카오, 쿠팡, 배달의 민족, 토스, 당근마켓 등은 이미 AI를 활용하여 채용 프로세스를 개선하고 있다.
AI는 채용 프로세스의 단순화뿐만 아니라, 적합한 인재를 더욱 효과적으로 찾아낼 수 있도록 도와준다. AI는 이력서와 지원서를 분석하여, 지원자의 역량과 경험을 정확하게 파악할 수 있다. 이를 통해 기업은 적합한 인재를 더욱 쉽게 찾아내고, 신입 사원의 조기 퇴사율을 줄일 수 있을 것으로 기대된다.

【Fact】 AI를 활용해서 기업 내 인사관리에서 적용할 수 있는 아이템에 관한 질문에 ChatGPT의 응답은 다음과 같다.
A) AI 기술은 기업의 인사관리를 개선하고 최적화하는 데 다양한 방법을 제공합니다. 예를 들어, 인사관리 시스템은 AI 기술을 활용하여 개선할 수 있습니다. 이를 위해 근무 시간 및 급여와 관련된 문의를 처리하는 인공지능 챗봇을 구축할 수 있습니다. 챗봇 기술을 이용하면 인사팀의 업무 부담을 줄일 수

있으며, 동시에 직원들이 근무 시간과 급여에 대한 문의를 더욱 편리하게 할 수 있습니다. 또한, 인공지능 기술을 활용하여 직원들의 이직 가능성을 예측하면, 기업은 미리 대응책을 마련할 수 있습니다. 이를 통해 기업은 직원 유지율을 높일 수 있습니다.

또한, AI를 이용하여 직원들이 수강하는 교육 프로그램을 개발하는 것도 가능합니다. 이를 통해 직원들은 개인화된 학습 경험을 할 수 있으며, 학습 효과를 높일 수 있습니다. 채용 프로세스도 AI의 이력서 분석 기술을 이용하여 개선할 수 있습니다. 자동화된 채용 시스템을 구축하면, 적합한 지원자를 더욱 빠르게 선발할 수 있습니다.

마지막으로, 업무 자동화를 통해 인사관리를 효율적으로 처리할 수 있습니다. 자동화된 근무 시간 관리 시스템을 도입하면, 근무 시간 기록을 자동화하여 인사팀의 업무 부담을 줄일 수 있습니다. 이렇게 AI를 활용한 인사관리 시스템 개선 방법들은 기업의 업무 효율성을 높이고, 직원들의 만족도 및 출퇴근 기록 등을 통해 다양한 정보를 수집하여 기업의 인사전략 수립에 도움이 됩니다. 따라서 AI 기술을 적극적으로 활용하여 인사관리를 개선하는 것이 필수적입니다.

【Think】HR 담당자는 자신의 업무에 있어서 전문성을 가지고 각 업무를 정확히 파악하는 노력이 우선되어야 한다. 이를 위해 새로운 기술과 접근 방식을 적극적으로 탐색하고 도입할 필요가 있다. 이러한 노력은 HR 분야에서 성과를 높이는 데 중요한 역할을 한다.

또한, 인공지능 기술은 이제 우리가 살아가는 세상에서 필수적인 도구가 되고 있다. HR 담당자는 이러한 기술을 활용하여 업무를 보다 효율적으로 수행할 수 있다. 예를 들어, AI를 활용하여 채용 프로세스를 자동화하거나, 이메일 자동응답 시스템을 구축하여 일상적인 업무를 간소화할 수 있다. AI를 활용함으로써 HR 담당자들은 새로운 아이디어를 발견하고, 자신에게 막혔던 생각의 길을 열어줄 수 있다.

【Fact】 AI 기술을 활용하는 디지털 HR 전문가로서 성장하기 위해서는 무엇을 어떻게 준비해야 하는지 ChatGPT의 응답은 다음과 같다.

A) AI 기술을 활용하는 디지털 HR 전문가로서 성장하기 위해서는 다음과 같은 준비가 필요합니다.

- **AI 기술에 대한 이해** AI 기술을 활용하기 위해서는 AI의 기본 개념부터 이해하고, 어떤 문제를 해결할 수 있는지 등에 대한 지식이 필요합니다. 따라서, 인공지능 분야의 학습과 공부가 필요합니다.

- **HR 업무에 대한 전문성** AI 기술을 적용하기 위해서는 HR 분야에 관한 전문성이 필요합니다. 인사관리, 조직문화, 채용, 교육, 보상 등 HR 분야의 기본적인 업무 프로세스를 이해하고 숙지해야 합니다.

- **데이터 분석 능력** AI 기술을 활용하기 위해서는 데이터 분석 능력이 필요합니다. HR 분야에서는 인사 정보, 성과평가, 출퇴근 기록 등의 데이터를 다루게 됩니다. 이러한 데이터를 수집, 분석, 시각화하여 문제 해결에 활용할 수 있어야 합니다.

- **프로그래밍 기초 지식** AI 기술을 활용하기 위해서는 프로그래밍 기초 지식이 필요합니다. 특히, 인공지능 분야에서는 파이썬 등의 프로그

래밍 언어를 자주 사용합니다. 따라서, 프로그래밍 언어의 기초를 공부하는 것이 좋습니다.

- **새로운 기술과 트렌드에 대한 관심** AI 기술은 빠르게 발전하고 있습니다. 따라서, 항상 새로운 기술과 트렌드에 대한 관심을 가지고, 최신 기술을 학습하고 적용할 수 있도록 노력해야 합니다.

- **협업과 커뮤니케이션 능력** HR 분야에서는 다양한 부서와 협업하게 됩니다. 따라서, 협업과 커뮤니케이션 능력이 필요합니다. 특히, AI 기술을 적용하는 과정에서는 IT 엔지니어나 데이터 분석가와의 협업이 필요합니다.

- **실제 프로젝트 경험** AI 기술을 활용한 HR 프로젝트 경험이 있으면, 실제 문제를 해결하면서 경험을 쌓을 수 있습니다. 따라서, 기업에서 실제로 진행되는 AI 기술을 활용한 HR 전문가로서의 역량을 더욱 키울 수 있습니다. 이를 위해서는 다음과 같은 과정을 거칠 수 있습니다.

【Think】 최근 들어 HR 전문가들도 IT 전문가들만큼이나 기술력이 요구되는 시대가 도래했다. 이제는 데이터의 수집, 분석, 처리, 가공, 설계 등 IT 분야에서 사용되는 기술들이 HR 분야에서도 필수적으로 활용되는 추세다. 이러한 추세는 모든 학문이 융합하는 현시대의 흐름에서 비롯되었으며, 사람[HR]과 인공지능(생성형 AI)의 Convergence는 이러한 추세를 한층 더 심화시키고 있다.

이러한 변화는 새로운 형태의 HR 전문가를 요구하고 있으며, 기존의 HR Expert와는 전혀 다른 역량과 지식이 요구되는 것이다. 새로운 기술과 업무가 도입되면서, HR 전문가들은 이에 대한 이해와 대응 능력을 갖추어야 하며,

이를 통해 기업의 가치 창출에 기여할 수 있어야 한다. 이러한 변화는 HR 분야에서 새로운 창조적인 아이디어와 전략의 필요성을 제기하고 있으며, HR 전문가들은 이러한 요구에 대한 대응 능력을 확보해야 할 것이다.

【Fact】인공지능의 HR 분야에 관한 영향에 대해서 앞으로 10년간 예상되는 변화에 대해서 ChatGPT는 다음과 같이 응답했다.

A) 10년간 가장 큰 변화는 다음과 같이 요약할 수 있습니다.

- **채용 효율성 향상** 인공지능^AI은 이력서 심사, 지원자 매칭, 인터뷰 예약과 같은 작업을 자동화하여 채용 프로세스를 간소화합니다.

- **개인화된 직원 경험** AI는 HR 전문가가 직원의 요구 사항과 선호도를 더 잘 이해할 수 있도록 하여 맞춤형 복리후생 패키지 및 학습 기회와 같은 보다 개인화된 경험을 제공합니다.

- **직원 참여도 향상** AI 기반 플랫폼을 통해 HR 팀은 직원 감정 및 참여도를 모니터링하고 문제를 조기에 식별하며 직원 만족도 및 유지를 개선하기 위한 전략을 구현할 수 있습니다.

- **소프트 스킬에 대한 집중도 증가** 일상적인 작업을 자동화하는 AI를 통해 직장에서 창의성, 감성 지능 및 비판적 사고와 같은 소프트 스킬의 중요성이 증가하여 채용 관행 및 교육 프로그램의 변화로 이어질 것입니다.

- **인재 관리 개선** AI를 통해 HR 팀은 직원의 잠재력을 더 정확하게 평가하고 리더십 개발 프로그램 및 기타 경력 발전 기회를 위해 잠재력이 높은 개인을 식별할 수 있습니다.

【Think】10년 후의 HR는 AI에 의해 크게 변화될 것으로 예상된다. 생성형 AI

의 발전은 인재 채용, 유지, 관리, 육성에도 영향을 미칠 것으로 예상되며, 기업은 인력 관리를 위해 AI를 사용할 것이다. 그러나 이러한 변화 속도에 맞춰 HR 전문가들도 인식과 행동을 바꿔야 할 수 있다. AI와 사람이 경쟁하는 시대가 도래할 수도 있으므로, HR 전문가는 AI 기술을 잘 활용할 수 있는 능력과 사람의 감성을 터치해 주는 인간미 넘치는 휴머니스트가 되어야 할 것이다.

HR 분야에서 생성형 AI를 잘 활용하기 위해서는 HR 전문가들이 AI 기술에 대한 이해를 높이고, 데이터 분석 및 의사결정 능력을 강화해야 한다. 또한, 인공지능이 발전하면서 인간의 역할이 변화할 수 있으므로, HR 전문가들은 이러한 변화에 대해 예측하고 대비할 수 있는 능력을 지녀야 한다. 예를 들어, 인공지능이 인재 채용 프로세스를 자동화하면서, 인간의 역할은 지원자와의 커뮤니케이션, 면접 및 평가, 인재 유지를 위한 프로그램과 제도 설계 등 다양한 분야에서 요구될 것이다.

AI가 더 많은 일을 처리할수록, 인간이 더 많은 창의성과 사고력을 발휘할 수 있는 분야로 전환될 것이다. 이러한 변화에 대비하기 위해서는, HR 전문가들은 다양한 기술과 도구에 대한 이해와, 끊임없는 학습과 발전이 필요하다. HR 분야에서 생성형 AI를 활용하기 위해서는 현업 담당자들이 자신의 업무에 대해 깊은 고찰을 해야 한다. 이를 통해 진정성 있는 질문을 하게 되며, 이것이 생성형 AI가 도움을 줄 수 있는 출발점이 될 것이다.

다만 이를 위해서는 아래와 같은 프로세스가 필요하다.

현상 → 깊은 고민 → 좋은 질문 → 인공지능의 대답
& 제안 → 판단 → 적용

하지만 여기서 중요한 점은 인공지능이 움직이기 위해서는 여전히 사람이 필요하다는 것이다. 생성형 AI가 지배당할 수도 있겠지만, 우리가 생성형 AI를 지배하는 것이 더욱 중요하다. 기술이 발전해도, HR에서 가장 중요한 것은 '사람 중심, 사람 존중'이다. 이는 변함 없이 유지되어야 한다.

조용민 코니카미놀타 프로프린트 솔루션스코리아 이사, 한국HR협회 멘토링위원회 사무총장으로 활동 중이며, 한국후지제록스 전략마케팅실(장), 인재개발팀(장), 영업교육팀(장), 영업부(장) 역임했다. 공저: 《MZ 익스피리언스》

GPT 대전환의 시대의 HR 패러다임 전환

| 고동록 |

AI와 ChatGPT

우리는 현재 거대한 전환의 시대를 맞이하고 있다. AI 도입은 제품, 서비스, 그리고 솔루션의 필수적인 부분으로 자리 잡으며, 이는 모델 개발, 교육, 배포 등을 자동화하는 데 활용할 수 있는 특화된 AI 모델의 개발을 가속화하고 있다. 이러한 AI 자동화는 인간의 역할을 재조명하고, 예측 및 결정의 정확성을 높이며 기대 이익을 달성하는 데 걸리는 시간을 단축한다. 따라서, AI 자동화는 우리가 개발하는 모든 제품, 서비스, 솔루션에 대해 더욱 중요한 역할을 하고 있다.

가속화된 AI 자동화를 지원하는 기술은 다양하다. 그중에서도, 자율 시스템, 코절$^{Causal\ AI}$, 파운데이션 모델, 제너레이티브 디자인$^{Generative\ design\ AI}$, 머신 러닝 코드 생성 등이 있다. 이러한 기술들은 매우 중요하며, AI 자동화를 보다 효율적으로 지원하고 가속하는 데 큰 역할을 한다. 따라서, 이러한 기술들을 이해하고 활용하는 것은 우리에게 큰 이점을 제공할 것이다.

Hype Cycle for Emerging Technologies (2022)

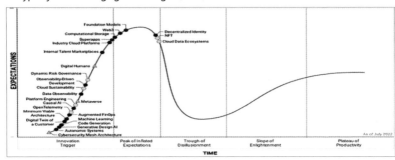

출처: 가트너(2022)

인공지능^{AI}은 컴퓨터라는 기계가 보고, 듣고, 말하고^{Cognition}/문제해결, 계획 수립$^{Problem\ Solving,\ Planning}$/ 지식 처리, 추론$^{Knowledge,\ Inference}$/ 스스로 배우는^{Learning} 등 지능적 행동을 하게 하는 기술이다. 이러한 기술은 현재 많은 분야에서 사용되고 있으며, 이를 통해 인간의 업무를 보조하고 생산성을 높이는 데 큰 역할을 하고 있다.

인공지능의 역사는 1956년 다트머스 회의에서 개념이 정립된 이후 시작되었다. 이후 인공지능 기술은 겨울과 실증의 시대를 거쳐서 발전해왔다. 특히, 2020년에는 중국, 한국, 미국, 이스라엘 등에서 기반 모델 구축 경쟁이 이루어지면서 더욱 발전하고 있다. 이러한 발전은 더욱 다양한 분야에서 인공지능 기술을 활용할 수 있게 할 것이며, 앞으로 더욱 놀라운 발전이 이루어질 것으로 예상된다.

인공지능의 역사

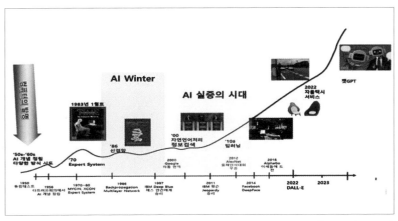

출처: 김진환(2023.6)

특히 ChatGPT^Chat Generative Pre-trained Transformer은 생성형 AI 시대의 게임 체인저, 리셋모먼트, 새로운 기회, 특이점 등으로 표현되는 파괴적인 혁신의 새로운 역사를 쓰고 있다. 생성형 AI가 인간과 기계의 상호작용 방식을 근본적으로 혁신하여, 개인, 기업, 사회 전체를 새로운 가능성의 세계를 열어주고 있다.

또한, ChatGPT는 개인과 기업에는 기회를 제공하고, 누군가에게는 놓친 기회로 위기를 가져오는 지식과 정보의 병기로 작용할 것이다. 생성형 AI는 대규모 데이터로 훈련된 대규모 인공지능 기반 모델로, 대규모 언어 모델, 이미지 생성 모델, Multimodal로 미세조정을 통해 다양한 하위 작업이 가능하게 한다. 이러한 다양한 활용 방법은 개인, 기업, 사회 전체에게 많은 혜택을 제공할 수 있다.

구글은 2023년 5월 6일, OpenAI/MS의 ChatGPT에 대응하는 자연어 대화 챗봇 Bard를 출시하였다. 이 제품은 거대 언어 모델 PaLM2[Pathways Language Model2]을 기반으로 하여 한국어, 일본어, 중국어, 영어 등 100개 이상의 언어를 학습하여 다양한 언어 환경에서 대화를 자연스럽게 이어 나갈 수 있다. 또한, 이 챗봇은 수학과 과학에서 수준 높은 추론과 코딩도 가능하다.

InstructGPT는 창발 능력으로 대화 능력을 추가한 것으로, 미세 조정[Fine Tuning]을 통해 자주 쓰이는 기술을 잘 정리된 학습 데이터(프롬프트 13,000개)를 활용하여 지도 학습하고, 감성 분석[Sentiment Analysis], 요약, 기계 번역, 텍스트 분류, 개체명 인식, 질문 응답[Question Answering] 등의 특수 업무에 적응하도록 최상층 파라미터만 수정한다. 이 모델은 예제 학습[Few Shot Learning]으로 모델의 파라미터를 수정하지 않고 주어진 예제로 추론만 하는 업무 지시와 예제를 보여 주면 따라 하는 기술을 사용하며, 이를 통해 새로운 업무나 상황에 대처할 수 있는 능력도 갖추고 있다.

ChatGPT는 감정 분석, 자동 요약, 기계 번역, 텍스트 분류, 개체명 인식 등의 특수 업무 외에도, 질문 응답[Question Answering]과 같은 일상적인 대화를 자연스럽게 이어 나갈 수 있도록 훈련되었다. 이러한 다양한 기능을 토대로 텍스트, 이미지, 오디오, 영상, 코드, 검색엔진, 데이터, 디자인, 프롬프트(대화 명령) 등 다양한 응용서비스와 교육, 광고/마케팅, 콘텐츠, 미디어, IT, 헬스케어/의료, 법률, 금융/회계, 업무 생산성 제고 등 산업과 시장에서 파괴적인 혁신의 리셋 모먼트가 일어나고 있다.

혁신 기술은 일반적으로 새로운 산업을 창출하거나 기존 산업을 변형시키는 데 중요한 역할을 한다. 이러한 혁신 기술이 대중화되고 성숙 단계에 이르기까지는 일련의 과정이 필요하다. 혁신 기술이 등장하면 이를 기반으로 한 응용 서비스도 동시에 시장에서 등장한다. 시장에 출시된 응용서비스가 대중적으로 사용되기까지는 크게 세 단계를 거쳐야 한다.

첫째, 비용 절감을 통한 소비자 효용 제공 초기에는 이러한 응용 서비스가 상대적으로 비싸고, 기술적으로 불완전하여 일부 극소수의 사용자만 이용할 수 있었다. 그러나 기술적인 발전과 경제적인 효과로 인해 비용이 점차 감소하면서 이러한 응용 서비스는 더 많은 소비자에게 제공될 수 있게 되었다.

둘째, 사용자 니즈 충족을 통한 경험 제공 응용 서비스가 대중화되면서 사용자들은 응용 서비스가 제공하는 경험에 대해 기대를 하게 된다. 이에 따라 응용 서비스 제공자는 사용자의 니즈와 편의를 충족시키기 위해 더 많은 기능을 추가하고, 사용자 인터페이스를 개선할 필요가 있다.

셋째, 완전히 새로운 비즈니스 모델 탄생 응용 서비스가 대중화되면서, 이러한 서비스를 기반으로 한 새로운 비즈니스 모델이 탄생한다. 이러한 비즈니스 모델은 대개 기존 산업이나 시장에 대한 혁신을 가져와 새로운 비즈니스 기회를 창출한다.

인공지능의 역사

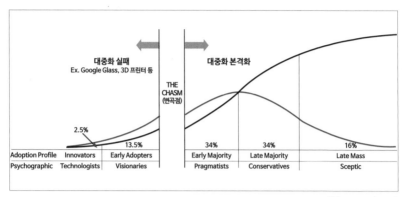

출처: Rogers(1963)

따라서, ChatGPT와 같은 혁신 기술은 다양한 응용 서비스와 함께, 산업과 시장에서 파괴적인 혁신의 리셋 모멘트를 일으키고 있다.

그럼, ChatGPT가 경제에 미칠 효과는 무엇일까? ChatGPT는 AI 기반의 스마트 팩토리 구축 및 물류 수요 예측의 정확도 향상, 상담원이 더 빠르고 복잡한 작업 처리 등의 자동화 및 프로세스 개선으로 생산성이 향상된다. 또한, AI 기술을 활용하여 전문 지식 음성 비서, 자율 주행 등의 새로운 서비스나 제품을 개발하고, 새로운 서비스 모델 등으로 새로운 시장을 창출할 수 있다. AI를 이용한 진단 시스템의 발전으로 인해 의료진의 역할이 변화될 수 있으며, ChatGPT는 교사의 역할 변화를 유도하여 기존 산업의 경쟁 구도를 바꾸는 산업 구조 변화를 촉진할 수 있다. 또한, AI 기술은 일부 직무를 자동화할 수 있지만, AI 개발자, 데이터 과학자 등의 새로운 직종을 만드는 새로운 일자리를 창출할 수 있다. 따라서, ChatGPT는 경제 전반에 긍정적인 영향을 미치는 것으로 보인다.

GPT 시대의 HR 패러다임의 전환

대화형 인공지능 서비스인 ChatGPT는 인지 혁명의 핵심 수단 중 하나로 자연어처리 기반의 대규모 언어 모델[LLM: Large Language Model]을 생성하는 창의적인 소통 도구다. GPT는 반도체를 비롯한 저장 능력과 연산속도, 프로세스 속도를 향상하는 파라미터, 데이터, 프로세스의 학습 능력을 갖추고 있으며, 통신 네트워크의 대역폭과 속도가 향상됨에 따라 증가 속도가 빨라지고 있다. 이러한 기술의 발전은 컴퓨터와 인터페이스가 언어를 통해 사회 전 분야로 확장될 수 있게 해주며, 쇼핑, 문화, 레저, 여행 등 삶의 다양한 분야에 적용될 수 있어 삶을 더욱 윤택하게 만들어줄 것이다. 또한 기업으로서는 제조, 생산, 영업, 마케팅, 회계, 관리, 운영 등의 가치 사슬을 보다 지능화함으로써 경쟁력을 강화할 수 있을 것이다.

점차 자동차, 반도체, 유통, 물류, 의료 서비스, 금융 등 전 산업 분야에 빠르게 적용될 것으로 예상된다. 이러한 기술의 적용으로 인해 새로운 산업과 고용 시장의 변화가 예상되며, AIaaS 시대의 사업으로 의료, 금융, 제조, 물류 등에 AX[AI트랜스포메이션]와 같은 AIaaS[AI as a Service] 서비스형 업체가 출현할 것으로 예상된다. 또한, 구글 바드, 삼성전자 등을 포함한 AIPaaS[AI Platform as a Service] AI 플랫폼 업체들이 다수 등장할 것이다. 기존 클라우드 업체인 아마존, 구글, MS 등도 AI 반도체와 AI 스토리지 등으로 전환하면서 더 풍부한 인프라를 제공하게 될 것이다. 이러한 발전으로 인해 Data Network AI[DNA]를 중심으로 하는 5차 산업혁명 시기가 앞당겨질 것으로 본다.

이처럼 GPT 트렌드가 산업과 기업 내 가치 사슬에 직접적인 영향을 미침으로써, 전통적인 HR 업무와 가치 사슬 내의 인사관리라는 기능이 새로운 트렌드에 맞게 변화해야 한다는 전략적인 변곡점이 도래했다.

이를 위해 채용, 배치/이동, 교육, 평가, 보상, 퇴직 등을 다시 검토하여 새로운 HR 전략을 도입해볼 필요가 있다. 이러한 변화는 기업의 운명을 좌우할 수 있는 근본적인 요소로 작용할 것이다. 전략적인 변곡점은 '특별한 의미가 부여되는 시간'을 뜻하는 카이로스와 '자연스럽게 흘러가는 물리적인 시간'을 뜻하는 크로노스라는 시간과 밀접한 연관이 있다. 따라서, HR은 지금 전략적 변곡점을 맞이하고 있다. 4차 산업혁명과 디지털 전환, GPT와 글로벌 팬데믹, 기후변화와 ESG 경영으로 지속 가능성 전환 등 다양한 이슈들을 다루어야 하며, 이러한 변화에 대응하기 위해 적극적인 대응이 요구된다.

따라서 전략적인 변곡점의 시기에는, HR은 근본적인 경쟁력 강화와 신성장동력의 확보를 위해 근본적인 혁신을 주도해 나가는 것이 필요하다. 이를 위해서는, HR의 파괴적인 혁신을 융합과 스피드로 주도적인 역할을 수행하여 전통적인 인사행정 HR 지원 활동에서 벗어나 시장 지향적인 HR 기능을 넘어서 궁극적인 패러다임 전환을 요구한다. 그리고 이를 위해 전통적인 Value-Chain HR에서 Market-Driven Value Chain HR, Strategic-Analytics HR 패러다임으로 전환해야 한다.

즉, HR은 조직이 변화하는 시기에 맞추어 전략적으로 파트너 역할을 수행해야 한다. 예를 들어, 새로운 기술이나 제품이 출시되어 조직이 변화할 때, HR

은 적극적으로 이러한 변화를 주도하여 조직 내부의 인력 자원을 최적화하고, 경쟁력을 강화해야 한다. 이를 위해 HR은 전통적인 인사관리 업무를 넘어서 적극적인 조직 전략 수립과 분석적 역할을 수행해야 한다. 이러한 HR의 파괴적인 혁신은 조직의 성장과 발전에 크게 기여할 것이다.

GPT 시대의 HR Re-Innovation

GPT는 기업의 조직, 프로세스, 시스템, 비즈니스 모델, 조직문화 등을 근본적으로 변화시키는 디지털 전환을 가져오게 할 것이다. 이러한 디지털 전환은 기업이 더욱 빠르게 성장할 수 있도록 챗봇 기술과 같은 새로운 기술을 도입하여 업무 프로세스를 최적화하고, 더욱 효과적인 의사결정을 내릴 수 있도록 지원할 것이다.

이러한 변화는 챗봇 기술의 적용으로 인해 고객과의 상호작용이 개선되고, 새로운 경쟁자가 등장함에 따라 기업이 경쟁력을 유지하기 위한 새로운 비즈니스 모델을 찾을 수 있도록 도와줄 것이다. 또한 인재 수급의 불균형 문제를 해결하고, 새로운 비즈니스 아이디어를 발굴하여 대량 고객화^{Mass Customization}의 실현을 가속할 것이다. 결국 GPT 디지털 전환은 HR을 비즈니스를 새롭게 바꾸는 촉매제 촉진자로서의 Re-Innovation을 수행하게 될 것이다.

GPT기반의 디지털 전환

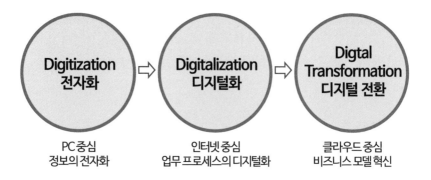

따라서 HR은 기업의 디지털 전환을 성공적으로 이끌기 위해 새로운 규칙을 도입하고, 새로운 성장을 이끌어가도록 HR 혁신을 재구축해야 한다. HR 영역에서의 '무엇'을 '어떻게' 하는 것과 더불어 '누구'인가에 대해서 변화를 일으켜야 한다. 이를 통해서 GPT 시대에 HR은 다양한 혁신 방향으로 재구축되어야 한다.

HR 재혁신을 위해서는 직원들과의 접촉 유형을 중심으로 4가지 구분하여 다양한 서비스를 제공하도록 디자인하여야 한다. 물리적인 공간에서 일어나는 콘택트[Contact]와 터치리스[Touchless], 그리고 인간적인 공감에 기반한 언택트[Untact]와 디지털 기술을 활용한 온택트[Ontact] 등 다양한 접촉 방법을 고려하여 직원들의 요구에 맞는 HR 서비스를 제공해야 한다. 이를 위해서는 HR 경험의 데이터를 분석하고, HR 경험 여정을 재설계하여 디지털화하는 등의 작업이 필요하다. 또한, 직원 피드백을 강화하여 조직 내 의사소통의 효율성을 높이는 등의 노력을 기울여야 한다.

접촉의 세계

터치리스	언택트
콘택트	온택트
대면	비대면

개인과 단체의 접촉 방법의 다양화는 기업의 주어진 상황에 따라 다양하게 적용되고 있다.

① **콘택트** 기존의 접촉에 의한 방식으로, 사람들끼리 서로 만나 대화를 나누는 방식이다. 그러나 이 방식은 최근 전 세계적으로 유행하는 바이러스로 인해 그 안정성의 위험에 노출이 되었고, 이후에도 여전히 위험성을 안고 있다.

② **터치리스** 대면접촉 방식으로 셀프서비스 등을 이용하여 접촉을 최소화하는 방식이다. 이는 안전하고 효율적인 방식 중 하나다.

③ **언택트** 원격 교육, 재택근무 등 새로운 방식으로, '접촉하지 않는다.'라는 의미이다. 이 방식은 안전하고 편리하지만, 일부 사람들은 이 방식이 사람과의 대면접촉을 대체할 수 없다고 생각한다.

④ **온택트** 온라인에 연결된 상태로 대면을 최소화하면서 온라인에 연결하는 방식이다. 이 방식은 안전하고 편리하며, 최근에는 온라인으로 이루어지는 콘서트나 전시회 등의 이벤트도 많이 개최했었다. 이러한 방식은 사람들이 안전하게 참여할 방법이다.

GPT 시대의 HR 역할

GPT의 비즈니스 모델은 다양하다. 생성 AI 모델의 핵심 요소는 빅데이터와 계산 능력이다. 이미지 생성 AI를 활용한 비즈니스 모델은 이미지 판매-NFT, 프롬프트 판매, 앱 서비스, 제품 판매 등 다양한 영역에서 고려할 수 있다. 또한, 건강 의료 헬스케어, 재테크 투자금융 자본시장, 전자상거래 쇼핑 물류, 음악 미술 예술 장르, 공공 정부 서비스, 가전 자동차 반도체 화학 등 거대 제조 생산 산업에서도 다양한 모델들이 존재한다.

새로 등장할 직업군으로는 프롬프트 엔지니어, 디지털 에셋 창작자, 생성 AI 모델 감별사, 데이터 분석가, 데이터 과학자, 의사 과학자 등이 있다. 이와는 별도로, 인공지능은 상상력이 요구되는 고차원적인 창의성을 구현하기 어려움으로, 창의성과 전문성이 있어야 하는 직종은 계속해서 존재할 것이다.

하지만, 이러한 비즈니스 모델과 직종들에 대한 이해와 적용을 위해서는 HR이 새로운 역할을 수행해야 한다. 특히, ChatGPT와의 대화 성공 여부를 결정하는 핵심 요소 중 하나는 대화를 시작하고 안내하는 데 사용되는 프롬프트의 품질이다. 따라서, ChatGPT의 사용자 지정, 개인화, 다국어 지원, 확장성 등 특징을 이해하고, 고객 서비스, 교육 정보 제공, 개인 비서, 사회적 상호 작용 도구 등으로 활용하기 위해서는 최적의 질문을 유도하는 프롬프트를 잘 만들어야 한다.

이를 위해서는 대화의 다양성을 고려하면서도, 자연스러운 대화의 흐름을 유지할 수 있는 적절한 질문을 만들도록 노력해야 한다. 그러면서도, 기존의 학습 데이터에서 나타나지 않은 새로운 정보나 개념을 도출할 수 있는 프롬프트를 개발하며, 지속적인 프롬프트 개선을 통해 ChatGPT와의 대화 품질을 높이는 데 기여할 수 있다.

기존의 학문과 전공의 벽을 부수고 융합해야 한다. 이것은 현대 사회에서 가장 중요한 요소 중 하나로, 새로운 기술이나 아이디어를 창출하기 위해서는 다양한 분야에서의 지식과 아이디어를 결합해야 한다. 예를 들어, '타화수분'은 다른 꽃에서 꽃가루를 받아 수정이 이루어지는 것으로 식물 판 오픈 이노베이션이라고 할 수 있다. 이러한 융합은 AI 대혁명시대에서 더욱 중요해졌다. 따라서, 다양성을 채굴하는 최적의 방정식으로 나이, 문화, 전공을 섞는 융합의 촉진해야 한다. 이를 통해서 일터에서 의미와 재미를 동시에 추구하도록 해야 한다.

GPT 시대는 지적자본, 매력 자본을 넘어 '공감 자본'이 중요하다는 것을 알 수 있다. AI 메타노믹스 시대는 인간의 마음이 최고의 상품이라는 것을 알게 되었다. 이는 공감 로봇이나 아바타로서는 접근 불가능한 고도의 감정이입 세상이다. 그러므로, 공감이 있어야 문화가 될 수 있다. 공감이란 경청에서 출발해서 감동으로 끝나는 감성의 여행길이기 때문이다. 공평은 공정을 이길 수 없고 공정은 공감을 이길 수 없다는 것을 명심해야 한다.

거대한 시대의 변곡점에서 학습을 일상화해야 한다는 것도 중요한 사항이다. 1등을 목표로 삼는 것보다는 자신과 다름의 차이를 인정하는 다양성의 세계를 토대로 Only 1을 강조하는 것이 더욱 중요하다. 이를 위해서 검색보다는 사색, 지식보다는 상상, 수치보다는 가치, 성공보다는 성장으로의 변화를 지향해야 한다. GPT 시대의 HR의 핵심 역할은 질문의 달인이 되게 하는 일이라고 할 수 있다. 이러한 변화가 이루어질 때, 우리는 더욱 풍요로운 시대를 맞을 수 있을 것이다.

고동록 퀀텀브레인 파트너스 대표, 현대차 그룹에서 25년간 전략, 혁신, 노무, 인재 개발 등 다양한 분야에서 업무수행. 현재, 양자물리학과 신경과학(뇌과학)을 바탕으로 결제/식별 링카드, 혁신경영, 신재생에너지 등의 사업진행 중. 한국HR협회의 HRX 연구회를 이끌고 있다.

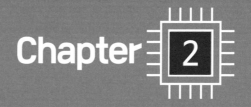

Chapter 2

ChatGPT를 활용한
인재 채용과 교육 혁신

01

인재 채용 프로세스 개선: ChatGPT 활용

| 박호진 |

면접 진행 시 ChatGPT 활용

회사가 성장하거나 갑작스럽게 이직자가 늘어나면 HR 부서는 많은 채용 포지션을 진행해야 한다. 이에 따라 소수의 채용담당자가 다양하고 많은 지원자의 서류심사, 인터뷰 등을 진행한다. 면접관들은 구조화된 면접으로 인터뷰를 진행하는지 모니터링하고 피드백을 제공하며, 면접관 교육, 이후 처우 협의와 입사 안내까지 지원해야 할 때도 있다.

이러한 채용 프로세스에 새로운 아이디어를 추가하여 채용 경쟁력을 높이기 위한 브랜딩 활동, 예전과는 다른 능동적인 채용 방법과 PR 등의 역할도 요구된다. 또한, Data 분석을 통한 효율적인 채용 비용 분석과 집행, 채용 지표 관리 등의 전문적인 영역으로 업무의 확장성이 커지고 있다. HR 부서는 새로운 아이디어를 고민하고, 적극적인 대처 방안을 마련하여 회사의 성장과 안정적인 인력 구성을 위해 끊임없이 노력해야 한다.

몇몇 대기업이나 채용을 중요하게 생각하는 기업은 별도로 채용 조직을 구축하고, 경영진의 깊은 관심과 지지를 받기도 하나 국내의 대부분의 기업은 그렇지 못한 것이 현실이다. 이러한 상황은 채용담당자들의 바쁜 일상과 일의 증가로 인해 더욱 가중되고 있다.

그러나 이러한 환경에서도 채용 Process 개선에 대한 진지한 고민과 노력이 필요하다. 채용은 기업의 성장과 생존에 직결되는 중요한 과정이기 때문에, 대기업이나 중소기업, 스타트업 모두 채용 Process 개선에 최선을 다해야 한다. 이를 위해, 회사 내부에서 채용담당자들에게 충분한 교육과 지원을 제공하고, 외부 전문가를 초빙하여 채용 Process 개선을 위한 다양한 방안을 모색할 필요가 있다.

더불어, 채용 Process 개선은 단순히 인력 채용에만 국한되는 것이 아니다. 직원들의 만족도와 업무 효율성을 높이기 위한 다양한 제도와 시스템을 도입하는 것도 중요하다. 이를 통해, 기업은 인재를 유치하고, 그들의 역량을 최대한 발휘시키며, 성과를 극대화할 수 있을 것이다.

빠르게 성장하는 플랫폼 기업의 채용담당자는 이렇게 이야기한다.
"다른 사람들은 성장하는 회사에서 근무하니 좋겠다고 말합니다. 회사에서는 채용이 중요하니 채용 방법을 바꿔보라고 합니다. 채용업무 진행 시 확인해야 하는 이력서가 한 달에 수백 개가 넘고, 잡아야 하는 면접도 수십 건이 넘습니다. 더구나 지원자한테 일일이 연락도 해야 합니다. 면접관 일정도 확인해야 하고, 헤드헌팅 회사에 회신도 줘야 해요. 채용공고도 올려야 하고, 정말 하루하루가 정신이 없고 바빠요."

많은 고민 끝에 컨설팅이나 외부의 도움을 얻어 비용과 시간을 투자한 회사들의 구조화된 면접들도 무용지물이 되거나 빠르게 변별력을 잃어버릴 때가 많다. 이러한 상황은 대개 인터뷰에 지원한 지원자들이 합격 여부를 떠나 면접관들의 질의 내용을 SNS 등을 통해 빠르게 공유하기 때문이다. 이러한 문제를 해결하기 위해서는 구조화된 면접의 내용을 지속해서 업데이트해야 하며, 자체적인 역량 부족, 많은 업무, 회사나 리더의 중요성 인지 부족 등으로 지원자들의 공유 속도만큼 빠른 대응이 현실적으로 어려운 경우들이 대다수이다.

HR 업무를 하면서 면접관으로 인터뷰를 진행한 후, 내가 물어본 질문들이 당일 오후에 취준생들 카페나 잡플래닛 등에 공유되는 걸 직접 경험하기도 했다. 면접의 구조화된 형태는 지원자나 상황에 따라 적합한 면접으로의 유연성이 떨어진다는 단점이 있다. 그러나 ChatGPT를 잘 사용한다면 이러한 단점들을 개선할 수 있을 것으로 생각된다. ChatGPT는 지원자와 면접관 간의 자연스러운 대화 분위기를 조성할 수 있으며, 지원자의 역량이나 성향 등을 파악할 수 있다. 또한 기업의 채용 브랜딩을 위해 자연스러운 면접 분위기와 면접관의 역량이 중요하다.

면접관들에게 중요한 역량 중 하나는 질문 능력이다. 그러나 우리나라 사람들은 질문에 익숙하지 못하다. 대표적인 예시는 오바마 대통령이 국가를 지명하여 기회를 주었음에도 기자들조차 질문을 제대로 하지 못한 사례가 있다. 또한, 우리나라 리더들과 Facilitator로 워크숍이나 교육을 진행하면 가장 어려워하는 영역 중 하나가 질문이다. 면접관의 질문은 채용 결과에 큰 영향을 미치기 때문에, 어떤 질문을 어떻게 하느냐에 따라 지원자들의 답변이 달라질 수 있다. 따라서 면접관은 질문을 할 때, 지원자의 역량과 경험을 최대한 파악할 수 있는 질문을 준비해야 한다.

최근 기업이 중요한 가치 중 하나로 높이 평가하는 '책임감'에 대해 질문을 받았다면, 이는 그들이 사회적 책임을 강조하고 있음을 보여준다. 이러한 경향은 기업이 이제는 이익 추구만을 중요시하지 않고, 사회적 가치와 기여도를 더욱 고려하고 있다는 것을 시사한다.

- 책임감이 왜 중요하다고 생각하시나요?
- 회사에서 동료들과 일하면서 책임감이 어떤 영향을 미친다고 생각하나요?
- OOO님이 생각하는 책임감은 어떤 의미인가요?
- 1년 이내에 누가 시키거나 돈을 버는 일이 아니고, 반드시 해야 할 의무가 없는데도 목표를 달성한 경험이 있나요?

지원자들은 면접에서 물어보는 질문에 따라 답변 내용과 반응이 매우 다르게 나타난다. 예를 들어, 우리 기업의 핵심 가치와 인재상, 혹은 Right people이나 SME$^{Subject\ Matter\ Expert}$에 부합되는 인재 1명을 올바르게 채용하기 위해서는 많은 고민이 필요하다. 면접관의 질문에서 이러한 부분이 반영되어야 하며,

이를 고려하여 적절한 답변을 제공해야 한다.

채용 과정에서 오류를 줄일 수 있다면, 더욱 공정한 채용 과정을 구축할 수 있을 것이다. 그러나 서류 심사, 1, 2차 면접 등은 사람이 진행하기 때문에 100% 오류 없이 객관적인 채용을 보장하기는 어렵다. 심사하는 사람의 컨디션, 사람의 성향과 경험 등에 따라 같은 지원자라 하더라도 결과가 다르게 나타날 수 있기 때문이다. 면접관이 따뜻한 커피나 차를 마시는지, 오전이나 오후에 면접을 진행하는지 등에 따라 다른 결과가 나오는 실험 결과도 있다. 이러한 오류들을 ChatGPT를 활용하여 줄이거나 보완할 수 있다면, 더욱 공정하고 정확한 채용 과정을 구축할 수 있을 것이다. 또한, 채용 과정에서 ChatGPT를 활용하여 인터뷰어와 지원자 간의 의사소통을 원활하게 하고, 인터뷰어의 질문과 지원자의 답변을 분석하여 적절한 피드백을 제공할 수도 있다.

예전에는 자체적으로 이러한 질문들을 도출해보고, 사내 우수 리더 및 SME들에게 검증받으며, 채용에 필요한 질문들을 만들어 보았다. 이 과정에서 최종 결과물을 도출하기까지 약 3개월이 걸렸다. 필자는 인사 업무를 오랫동안 하며 다양한 지원자들을 만나보고 많은 채용을 해 봤음에도 처음 질문 풀을 구축할 때 정말 많은 고민과 시간이 필요했다. 그렇게 구성한 질문 풀을 이후 FGI^{Focus Group Interview} 등을 진행하며 교차검증하고 수정하였다. 주요 프로세스는 다음과 같다.

- 우수리더 및 SME 확인과 선정 → 설문지 개발 → 우수리더 & SME 대상 설문 → 인터뷰 준비 → 우수리더 & SME 인터뷰 → 질문 수정 → FGI → 면접관 질문 Pool 구축 → Pilot 진행 → 피드백 → 수정 및 개선

그런데, ChatGPT가 등장하면서 채용 분야에도 획기적인 변화와 업무 생산성 극대화가 가능한 시대가 열렸다. 위에서 언급한 Process의 경우, 가장 시간이 오래 걸렸고 고민이 많았던 질문 Pool 구축의 효율성이 ChatGPT를 활용함으로써 비약적으로 향상될 수 있다는 것을 알게 되었다.

또한, 지원자들도 ChatGPT를 통해 미리 면접 등을 준비할 수 있으므로 기업에서는 ChatGPT를 더 많이 고민하고 활용해 보아야 할 것 같다. 이렇게 ChatGPT를 활용하면 기업의 채용 프로세스에서 새로운 가능성과 차별화된 경쟁력을 얻을 수 있을 것이다.

다음은 실제 ChatGPT가 답변해 준 내용이다. ChatGPT는 인공지능 챗봇으로, 지원자들이 자주 묻는 질문에 대한 답변을 자연어 처리 기술을 이용하여 제공한다. ChatGPT의 활용으로 기업은 더욱더 효율적이고 적극적인 채용 프로세스를 구축할 수 있다.

Q1) 면접에서 자주 묻는 질문 10개 뽑아줘
A) 면접에서 자주 묻는 질문은 지원자가 지원한 직무와 관련된 경험, 역량, 인성 등을 평가하기 위한 것이 일반적입니다. 다음은 면접에서 자주 묻는

질문입니다.

- 자기소개를 부탁드립니다.
- 본인이 지원한 직무와 관련된 경험이나 역량은 무엇인가요?
- 이전 직장에서 수행한 업무 중 가장 성과를 내었던 것은 무엇이고, 그 이유는 무엇인가요?
- 현재 또는 이전 직장에서 가장 어려웠던 문제는 무엇이었고, 그것을 어떻게 해결했나요?
- 이 회사에 대해 어떻게 알게 되었나요? 그리고 이 회사에서 근무하고 싶은 이유는 무엇인가요?
- 자신의 강점과 약점은 무엇인가요?
- 지원한 직무와 관련하여 이룬 성과나 경험이 있는가요?
- 협업 경험이나 리더십에 대한 경험이 있는가요?
- 팀에서 문제를 해결하기 위해서 어떻게 접근하고 해결했는가요?
- 이 회사에서 당신이 할 일에 대해 어떻게 생각하나요?

Q2) 팀장 채용에 적합한 질문 10개 뽑아줘

A) 팀장 채용에 적합한 질문은 지원자의 리더십 능력과 문제 해결 능력, 팀과의 협업 능력 등을 평가하기 위한 것이 일반적입니다. 다음은 팀장 채용에 적합한 질문입니다.

- 이전 직장에서 팀을 이끌면서 성과를 내었던 경험을 알려주세요.
- 팀에서 문제가 발생했을 때, 해결을 위해 어떤 방식으로 접근했나요?
- 어떻게 팀원들의 역량을 파악하고, 그들의 강점을 활용해 일을 수행했나요?
- 이전에 경험한 위기 상황에서 어떻게 대처했나요?

- 팀원들 간의 갈등이 발생했을 때, 어떻게 해결했나요?
- 팀원들의 성과를 관리하고 피드백을 주는 방식에 대해 알려주세요.
- 팀의 목표를 설정하고 달성하기 위해 어떻게 계획을 수립했나요?
- 팀원들의 동기부여를 유지하고 증진하기 위해 어떤 노력을 했나요?
- 새로운 아이디어나 개선 사항을 제안하는 팀원들의 의견을 수용하고 적용한 경험이 있나요?
- 팀과 다른 부서 또는 외부 업체와의 협업 경험에 대해 알려주세요.

【Think】얼마나 걸렸을까? 이 질문을 입력한 시간을 포함하여 3분도 안 되어서 이러한 질문들이 도출된다. 이러한 질문들은 새로운 아이디어를 발견하고, 새로운 것들을 시도하며, 새로운 경험을 쌓아가는 데도 매우 유용하다. 그뿐만 아니라 더 충격적인 것은 아래와 같은 내용도 손쉽게 접근이 가능하다는 것이다.

Q3) 한국 스타트업에 적합한 인재 채용을 위한 전략에 대해 설명해줘
A) 한국 스타트업에 적합한 우수 인재를 채용하기 위해서는 몇 가지 전략이 있습니다.
- 직무에 적합한 경험과 능력을 가진 인재를 채용하는 것이 중요합니다. 이를 위해서는 채용 과정에서 구체적인 직무 요건과 역할을 명확하게 설정하고, 이를 충족시킬 수 있는 인재를 찾아서 채용해야 합니다.
- 스타트업의 비전과 문화에 맞는 인재를 채용하는 것이 중요합니다. 스타트업은 빠르게 변화하는 환경에서 일하는 것이 특징이기 때문에, 열정과 적극성이 뛰어난 인재가 필요합니다. 또한, 스타트업의 비전과 문화를 공

감하고, 이를 실천할 수 있는 인재를 찾아서 채용해야 합니다.

- 인재를 적극적으로 모집하기 위해서는, 다양한 채용 채널을 활용하는 것이 좋습니다. 스타트업에서는 구직 사이트나 취업 박람회뿐만 아니라, 소셜 미디어나 커뮤니티 등에서도 채용을 진행하는 경우가 많습니다.
- 인재 채용 과정에서는 자율성을 존중하고, 빠르고 간결한 결정을 내리는 것이 중요합니다. 스타트업은 빠르게 변화하는 환경에서 일하는 것이 특징이기 때문에, 인재 채용 과정에서도 빠른 시일 내에 결정을 내리고, 유연하게 대처하는 것이 필요합니다.
- 마지막으로, 인재 유지를 위해서는 공정한 보상과 경쟁력 있는 복지 제도를 마련해야 합니다. 스타트업에서는 인재 유지가 중요한 문제이기 때문에, 인재들이 보상과 복지를 통해 자신의 역량을 더욱 발휘할 수 있도록 지원해야 합니다.

Q4) 한국 스타트업에 차별화된 우수인재 채용전략은?

A) 한국 스타트업이 우수 인재를 채용하기 위한 차별화된 전략은 다음과 같습니다.

- **브랜드 인지도 확보** 우수 인재를 끌어들이기 위해서는 스타트업의 브랜드 인지도를 높여야 합니다. 스타트업의 사업 모델, 제품 및 서비스 등을 적극적으로 홍보하고, 소셜미디어 등 다양한 채널을 활용하여 많은 사람이 스타트업을 알게 하도록 노력해야 합니다.
- **자율성과 혁신성 강조** 스타트업은 대기업보다 더욱더 자율적이며, 혁신적인 환경을 제공합니다. 이러한 특징을 강조하면서 우수 인재들이 스타트업에서 자유롭게 아이디어를 제시하고, 혁신적인 제품과 서비스를 개

발할 수 있도록 유도해야 합니다.

- **창업 문화 구축** 창업 문화는 스타트업의 DNA입니다. 창업 문화를 구축하면서 회사 내부에서 아이디어를 나누고, 실패를 경험하며 성장할 수 있는 환경을 조성해야 합니다. 이를 통해 우수 인재들이 스타트업에 머무르면서 자기 아이디어를 실현시키는데 더욱 적극적으로 참여할 수 있게 됩니다.

- **다양한 인센티브 제공** 우수 인재들은 보수적인 대우뿐만 아니라, 다양한 인센티브를 통해 자신의 능력을 인정받는 것을 원합니다. 이를 위해서는 우수 인재들의 성과에 관한 보상을 체계적으로 제공하고, 교육 및 복지 제도를 강화하여 스타트업에서의 근무를 더욱 유지할 수 있도록 해야 합니다.

- **인재 유치를 위한 좋은 근무환경 제공** 우수 인재를 유치하려면 좋은 근무환경을 제공해야 합니다. 이를 위해 스타트업은 근무환경을 개선하고, 근로 시간 및 휴가 등의 근로조건을 개선하는 등 인재들의 생활 편의를 고려해야 합니다. 또한, 인재들의 업무 역량을 높일 수 있는 교육 프로그램을 제공하여 직원들의 역량 개발을 지원해야 합니다.

【Think】 물론 아직 완벽하지는 않으며, 각 회사의 상황에 따라 적합하지 않을 수 있지만, 전략 수립 및 기획안 작성 시 아젠다나 방향의 실마리를 얻을 때 도움이 될 수 있다. 이러한 부분에서 막히면 많은 고민의 시간이 필요할 때가 있다. 특히 ChatGPT를 활용하면 업무 효율성이 극단적으로 향상될 수 있다고 생각된다. 단, 사용자가 활용하는 방법에 따라 다양한 결과물이 나올 수 있으며, 질문의 내용에 따라 답변도 달라질 수 있으므로 사용자의 활용 능력과 질문 역량은 매우 중요하다.

예를 들어, 같은 스타트업 채용 전략도 질문의 구체적 내용에 따라 답변이 달라진다. ChatGPT의 특성상 어떻게 물어봤느냐에 따라 답변 내용과 도출되는 질문들이 다양해지고, 완전히 달라질 수 있어서 활용 범위가 굉장히 넓다. 또한, 업데이트 된 버전들이 계속해서 출시되고 있으므로 사용함에 따라 파괴적인 혁신 도구가 될 수도 있다.

이제는 세상의 변화나 파괴적인 혁신을 리딩하는 도구를 직접 개발하는 것이 아니라, ChatGPT 같이 이미 나온 도구를 잘 활용하는 것이 업계의 판도를 바꿀 수 있는 중요한 역량이 된 시대이다. 결국, 이런 것이 차별화, 즉 새로운 전략이 되는 시대이며, 이러한 현상이 더 가속화된다면 우리가 상상하지 못했던 큰 변화의 파고가 닥쳐올 수 있을 것이다.

그렇다면 우리는 어떻게 준비하고 대처해야 할 것인가?

우선, 이러한 Tool들을 다양하게 활용하고 활용할 수 있는 능력을 길러야 한다. 이를 위해서는 직접 도전하고 연습해보는 것이 가장 좋은 방법이다. ChatGPT를 활용하여 채용 프로세스를 개선하는 방법을 상상하고 시도해보는 것이 좋다. 이를 위해, 다양한 상황과 연출 등을 고려해보며 ChatGPT를 활용한 면접 워크숍을 10명 이상 참여하여 진행할 수도 있을 것이다. 이러한 활동을 통해, 시간 대비 엄청난 Output들이 나올 수 있다.

또한, ChatGPT의 특징 중 하나는 빠르게 증가하고 있는 Data Base를 기반으로 질문에 대한 빠른 답변과 글 작성, 요약 능력을 갖추고 있다. 면접 과정에서도 면접관이 상황과 지원자의 답변에 따라 ChatGPT를 활용하여 진행하는 것이 가능하다. 또한, 채용 이후에도 ChatGPT를 활용한 24시간 1:1 멘토링이나 OJT로 활용할 수 있다. 또한, 지원자의 이력서와 자격 요건 등을 분석하여 인터뷰 질문을 자동으로 추천해 주고, 답변을 통해 적합성을 분석하거나 HR이나 면접관들이 판단을 하거나 의사결정을 할 때도 ChatGPT를 활용하는 것이다.

채용 시 지원자들이 궁금해하거나 문의하는 사항들을 24시간 응답해 주는 ChatGPT 기반의 챗봇이나 시스템을 제공하는 것도 회사의 채용 경쟁력을 높이는 데 큰 도움이 될 것이다. 이러한 다양한 방법을 활용하여 ChatGPT를 더욱 효과적으로 활용할 수 있다.

일반적으로 기업들은 합격자에 대해서는 별도 안내나 피드백을 주지만 불합격자에 대해서는 결과 안내를 못 하거나 소홀한 경우가 많다. 하지만 지원자들 입장에서는 이유를 궁금해하고, 구직자 탈락 사유 고지법이 발의될 정도로 사회적 이슈가 되고 있다.

그러나 이력서 지원자들에게 일일이 불합격 사유를 전달한다면 채용담당자들의 업무는 비명을 지를 정도로 증가할 것이다. 하지만 합격과 불합격에 관한 결과도 ChatGPT를 활용하여 자동으로 안내하여 지원자들의 궁금증을 해소하는 한편 채용담당자들의 업무도 효율화 시킬 수 있다. 이러한 과정 자체가 잠재적인 인재들의 경험이 되기 때문에 기업들의 채용 경쟁력 향상에 긍정적인 요인이 될 것이다.

이 외에 ChatGPT를 활용한 채용 프로세스 개선은 다양하게 활용될 수 있다고 생각된다. 예를 들어 채용 현장에서 종종 발생하는 인터뷰 일정 변경의 경우 ChatGPT를 이용하여 자동으로 일정 조율을 지원해 줄 수 있다. 그동안은 채용담당자가 전화나 메일로 면접관과 지원자에게 연락하여 각각 일정을 조율하고, 바뀐 일정에 따라 장소도 다시 예약하거나 섭외해야 하는 경우들이 많았다. 반복적이고 누군가는 해야 할 일들이 손쉽게 개선할 수 있는 것이다.

채용 분야에서 뿐만 아니라 우리의 일상에서도 모바일과 ChatGPT가 결합하여 음성 지원이 가능하면 AI나 비대면 면접에 새로운 장이 생길 것이다. 또한 채용을 떠나서도 ChatGPT를 이용하여 개인 비서나 조언자의 역할을 기대할 수 있다.

과거에는 공개 채용 시 GD^{Group Discussion}를 통해 지원자들의 역량을 파악하는 것이 좋은 방법의 하나였다. 그러나 최근에는 수시 채용으로 변경되면서 GD를 활용하기가 어려워졌다. 하지만 ChatGPT와 GD를 결합하여 지원자가 ChatGPT를 통해 면접을 진행할 수 있다면, 새로운 시도가 될 것이다.

면접관들은 항상 바쁘며 사람으로는 인터뷰를 진행할 수 있는 인원수에 한계가 있다. 그러나 ChatGPT를 이용한다면 질의응답을 하는 과정에서 ChatGPT가 혼자서 10명, 100명과 하나씩 면접을 진행할 수 있을 것이다. 이는 채용 분야의 혁신이며 업무 생산성이 크게 향상될 수 있게 된다.

물론, 이미 서비스되고 있는 비대면 AI 면접 등도 있지만, 이는 지원자 인원을 고려한 비용이 발생하며 사용하는 고객사나 HR 입장에서 각자의 Needs에 맞게 수정하기 어렵다는 한계가 있다. 하지만 ChatGPT를 이용하여 각 회사의 HR 담당자들이 필요할 때마다 원하는 내용을 반영하여 업데이트하거나 수정할 수 있다면, 혁신적인 변화가 일어날 것이다.

그리고 많은 기업이 아직 고민을 많이 하는 부분이 과연 우리가 회사에 필요한 사람을 적합하게 채용하고 있는지 검증하는 것이다. 채용하는 과정이나 채용한 직후에는 그 지원자나 직원이 우수한 성과자인데도 우리 문화나 Fit에 적합한 사람인지 확신하기 어렵다. 가장 정확한 것은 같이 일을 해보고 경험해 보는 것이다. 그래서 3개월 정도 사용 기간을 가지기도 한다.

하지만 2~3년 후에도 성과가 우수하고 우리 조직에 기여하는지를 Tracking해 봐야 하는데 현실적으로 어려운 부분이 많아 이렇게 분석과 확인을 해 보며 지속해서 채용 Process를 개선하는 곳은 거의 없다. 하지만 ChatGPT를 활용하면 이러한 부분도 적은 HR 인력으로도 충분히 가능해질 것으로 생각된다.

즉 채용 Process의 일정 부분이 아니라 전체적인 요소요소 다양하게 활용이 가능할 수 있을 것이고, 이러한 점이 현실이 된다면 영화나 드라마 같은 일들이 벌어질 것이다. 기업의 HR이 단순히 채용 운영에만 급급하게 일을 하는 것이 아니라 ChatGPT 같은 Tool을 활용하여 자체적인 혁신을 리딩하고 업무의 효율성을 높이고, 지원자와 면접관의 경험을 바꿀 수 있는 변화를 만들어 간다면 조직 내외에서 더 존중받고 스스로도 보람을 느낄 것이다.

채용에서만 활용할 수 있을까? 사람과 사람 사이의 공감적 소통처럼 실제 감정이나 감성이 반영된 피드백이나 소통은 어렵겠지만, 지금의 AI나 ChatGPT의 발전 속도를 보면 데이터를 기반으로 우리가 그렇게 느낄 수 있도록 답변은 가능할 것 같다. 그렇다면 직장 내 면담과 상담, 평가 피드백 등에도 충분히 활용할 수 있으며, EAP^{Employee Assistance Program}에 적용하여 구성원들의 업무 몰입도를 높이는 데도 기여할 수 있지 않을까 생각된다.

신기술이나 도구들은 회사나 우리 개인에게 엄청난 기회이자 위기일 수도 있다. 분명한 사실은 이러한 기회를 잘 살리고 활용하는 변화의 선도자로 살아갈지, 그러한 선도자들에게 주도권을 뺏긴 채 따라가거나 생존하기에 급할지는 우리의 선택과 노력, 준비에 달려있다.

미 포천지에서는 4,000명의 미국 성인을 대상으로 설문 조사를 진행했다. 이 설문에서는 미국 고용인의 74%가 ChatGPT를 자신의 업무에 사용하고 있다는 결과가 나왔으며, 설문 대상 직원의 56%는 ChatGPT 사용에 대한 논의를 진행 중이라고 응답했다.
ResumeBuilder의 설문 조사에 참여한 2,153명의 구직자 중 약 46%가 자기소개서나 이력서 작성에 ChatGPT를 사용했으며, 구직자 중 69%가 기업의 응답률이 높다고 응답했다.

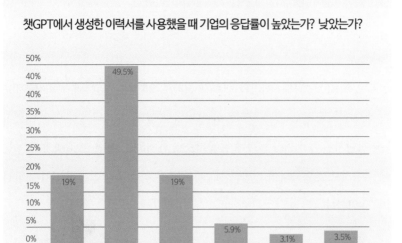

챗GPT에서 생성한 이력서를 사용했을 때 기업의 응답률이 높았는가? 낮았는가?

ResumeBuilder.com

특히 주목할 만한 점은 응답자의 78%가 ChatGPT로 작성한 이력서나 자기소개서를 이용하여 면접을 보았으며, 59%는 실제로 취업 제안을 받았다는 것이다.

78%
ChatGPT로 작성된 이력서 또는 자기소개서로 지원한 사람들의 78%가 서류 합격했다.

59%
ChatGPT로 작성된 이력서 또는 자기소개서를 작성한 59%의 지원자들이 취업 제안을 받았다.

ResumeBuilder.com

채용 공고를 올리면 기업들은 적합한 인재들이 지원하지 않는다고 하지만, 이력서 자체는 꽤 접수된다는 것을 알 수 있다. 특히 경력직의 경우, 보통 지원한 많은 사람 중에서 1명만 채용된다는 점을 고려하면, 상당히 놀라운 수치라고 할 수 있다.

벌써 우리 주변에서는 이러한 변화가 실제로 일어나고 있으며, ChatGPT를 다양하게 사용하고 있는 사람들이 생겨나고 있다. 우리나라의 많은 기업과 HR 담당자들이 이러한 변화에 능동적으로 대처하고, 채용 프로세스 개선 등에 적극적으로 활용하여 변화의 선구자로 좋은 사례들을 만들어 나가길 바라며, 응원한다.

박호진　　LG전자 인재 육성그룹에서부터 시작하여 대기업, 중견기업, 스타트업 등 다양한 조직에서 HR 경험을 쌓았으며, 아주대 MBA에서 인사조직을 전공하였다. 《MZ 익스피리언스》의 공동저자 이며, 현재는 웰컴금융그룹에서 HR Director로 HR 전략과 조직의 긍정적인 변화에 대해 고민을 하고 있다.

기업 인재상에 입각한 채용 분석도구: ChatGPT 활용

| 최요섭 |

ChatGPT는 창작, 정보검색, 효과적인 분석 도구 등 다양한 기능이 있어 많은 사용자가 활용하고 있다. 그러나 HR 담당자로서 정확한 정보를 제공해야 하는 역할을 수행할 때에는 단순 정보검색 측면에서는 불확실한 내용을 제공할 가능성이 있어 사용하기 어려운 부분이 있다.

하지만 ChatGPT의 창작 측면에서는 다양한 가능성을 볼 수 있으며, 그중에서도 분석 도구로서의 활용 방안은 매우 효과적일 수 있다. 예를 들어, 채용 과정에서는 직무 적합도가 가장 중요하지만, 대부분 기업에서는 공통 질문 측면에서 인재상을 분석하는 도구로 ChatGPT를 활용해 볼 수 있다.

ChatGPT를 활용하면 채용 과정에서 인재의 적합성을 판단하는 데만 국한되지 않고, 인재의 창의성과 미래 가능성을 예측하는 데에도 도움이 될 수 있다.

또한 ChatGPT는 이른 시일 내에 다양한 정보를 제공해 주기 때문에, 인사담당자들이 시간과 비용을 절약할 수 있도록 도와준다. 따라서 ChatGPT는 다양한 분야에서 활용 가능성이 높은 도구 중 하나이며, HR 분야에서도 효과적으로 활용될 수 있을 것으로 기대된다.

인재상 순위 변화 추이

구분	2008년	2013년	2018년	2023년
1위	창의성	도전정신	소통·협력	책임의식
2위	전문성	책임의식	전문성	도전정신
3위	도전정신	전문성	원칙·신뢰	소통·협력
4위	원칙·신뢰	창의성	도전정신	창의성
5위	소통·협력	원칙·신뢰	책임의식	원칙·신뢰
6위	글로벌 역량	열정	창의성	전문성
7위	열정	소통·협력	열정	열정
8위	책임의식	글로벌 역량	글로벌 역량	글로벌 역량
9위	실행력	실행력	실행력	실행력
10위	-	-	-	사회공헌

출처: 대한상공회의소

인재 구별에 관한 연구는 광범위하게 이루어지고 있다. 예를 들어, 자기소개서 분류를 통해 인재를 구별하는 딥러닝 기술을 활용한 연구(김영준. 《딥러닝 기반 신입사원 자기소개서 분류 연구》, 2020. 서울)나 자기소개서와 기업의 인재상과의 관련성을 연구한 텍스트 마이닝 연구(김세준. 《텍스트 마이닝을 활용한 자기소개서와 기업의 인재상 유사성에 관한 연구》, 2019. 서울) 등이 있다. 이러한 연구들은 ChatGPT와 같은 기술을 활용하여 연구 범위를 확장하고, 실사용자들이 비교적 쉽게 접근할 수 있는 정보를 제공하는 장점이 있다.

백경희의 연구에 따르면 조직 유형별 인재상에 관한 연구도 중요하다는 것을 알 수 있다. 이러한 연구를 통해 인재 구별에 관한 연구의 범위를 확장하고, 더 많은 정보를 제공할 수 있는 방향으로 지속적인 연구가 필요하다. 자기소개서나 이력서와 같은 문서를 활용한 인재 구별 연구나 성격 검사를 활용한 인재 구별 연구 등의 확장된 연구 분야도 고려할 수 있다. 이러한 연구는 인재 구별에 대한 이해와 인재 관리 분야에서의 응용 가능성을 높이는 데 도움이 될 것이다.

대기업 인재상 공통 키워드 조사

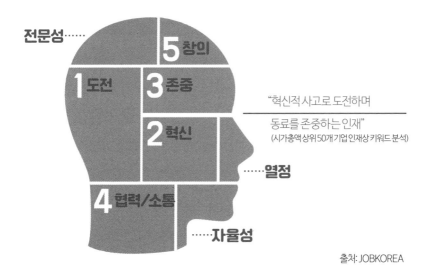

출처: JOBKOREA

이처럼 인재상을 기반으로 한 분석 도구로서의 ChatGPT 활용은 채용담당자의 시간을 줄여주는 것은 물론, 지원자별 자기소개서 내용을 효과적으로 분석하여 기업과의 적합도를 수치화할 수 있는 장점이 있다. 이를 통해 적합한 지원자를 더욱 정확하게 선별할 수 있을 뿐만 아니라, 분석을 통해 지원자별로 적합한 질문의 예시까지 도출해 낼 수 있다.

실제 사례분석을 통해 ChatGPT를 활용할 수 있는 방법을 보여줌으로써, 기업 채용담당자들이 ChatGPT를 활용할 수 있는 방법을 제시하고자 한다. 이를 통해 채용 절차의 효율성을 높일 수 있을 것이다.

대한민국 대표 기업 중 하나인 삼성전자의 홈페이지에 소개된 기업 비전에 대한 경영 철학과 목표 정보를 ChatGPT에 먼저 인식시킨 후 결과를 도출해 볼 수 있다. 이를 통해 삼성전자의 경영 철학과 목표에 대한 보다 깊은 이해를 얻을 수 있을 것이다.

서두에서 언급한 분석 도구로서의 실사용 측면에 관한 내용을 확인해보고자 한다. 삼성전자는 높은 기술력과 혁신적인 제품으로 세계적인 기업으로 성장해왔다. 이러한 성장의 배경에는 삼성전자의 경영 철학이 큰 역할을 한다. 삼성전자의 경영 철학은 혁신적인 제품을 개발하고 기존 제품을 개선하는 데 큰 역할을 한다. 또한, 삼성전자는 고객 만족을 최우선으로 생각하고 있다. 삼성전자는 고객의 요구 사항을 충족시키기 위해 끊임없이 연구와 개발을 진행하고 있다. 이를 통해 고객들에게 최상의 제품과 서비스를 제공하고 있다.

따라서, 경영 철학과 목표를 충실히 실현하기 위해 끊임없이 노력하고 있는 삼성전자를 사례로 하여 아래와 같이 ChatGPT를 활용해 보았다.

Q1) 삼성전자의 기업 비전을 요약해서 정리해줘.

A) 삼성전자의 경영 철학과 목표: 인재와 기술을 바탕으로 최고의 제품과 서비스를 창출하여 인류사회에 공헌하는 것을 목표로 합니다. 이를 위해 인재 육성과 기술우위 확보를 경영의 원칙으로 삼고, 최고의 제품과 서비스를 고객에게 제공하여 동종업계에서 세계 1군의 위치를 확보하고, 인류의 공동이익과 풍요로운 삶을 위해 노력합니다.

삼성전자의 경영 철학: 사람과 사회를 생각하는 글로벌 일류기업을 추구합니다. 경영이념, 핵심 가치, 경영원칙의 가치체계를 경영의 나침반으로 삼습니다. 최고의 제품과 서비스를 창출하여 인류사회에 공헌하는 것을 궁극적인 목표로 삼습니다.

삼성전자가 지키는 5가지 경영원칙:

- 법과 윤리를 준수합니다.
- 깨끗한 조직문화를 유지합니다.
- 고객, 주주, 종업원을 존중합니다.
- 환경, 안전, 건강을 중시합니다.
- 글로벌 기업 시민으로서 사회적 책임을 다합니다.

삼성전자는 기술과 인재를 발전시키며 최고의 제품과 서비스를 제공하고, 고객과 사회의 기대에 부응하며 사회적 책임을 다하는 글로벌 일류기업을 추구합니다.

【Think】먼저 삼성전자의 비전에 대해 질문한 이유는 아래와 같이 ChatGPT
에 삼성전자에 적합한 인재상을 뽑아보기 위함이다. ChatGPT는 앞의 대화
내용을 기억하기 때문에 필요한 응답을 끌어내기 위한 사전 학습이 가능하다.
이러한 방법을 사용하게 되면 다양한 정보에 대한 상세 접근이 가능해진다.

Q2) 삼성전자의 기업 비전에 걸맞은 인재상을 10가지로 정리해줘.
A) 삼성전자의 기업 비전에 걸맞은 인재상을 10가지로 정리하면 다음과 같습
니다:

- **창의력과 혁신성** 문제를 해결하고 새로운 아이디어를 도출할 수 있는 능
  력을 갖추고 있어야 합니다.
- **전문성과 기술력** 해당 분야에서 뛰어난 전문지식과 기술적 역량을 갖추
  고 있어야 합니다.
- **글로벌 마인드셋** 다양한 문화와 관점을 이해하고 글로벌 시장에서 활동
  할 수 있는 열린 마인드셋을 가져야 합니다.
- **협업과 소통 능력** 다양한 배경과 역할을 가진 사람들과 원활하게 협력하
  며 의사소통할 수 있는 능력이 필요합니다.
- **결과 지향성** 목표를 설정하고 그에 따라 결과를 도출해내는 능력과 책임
  감을 느껴야 합니다.
- **리더십과 팀워크** 팀을 이끌고 조직 내에서 리더십을 발휘할 수 있는 능력
  과 팀워크를 갖추어야 합니다.
- **변화와 적응력** 변화에 능동적으로 대처하고 빠르게 적응할 수 있는 유연
  성과 적응력을 가져야 합니다.
- **윤리적 행동** 윤리적인 가치관을 따르고 있으며, 고객과 사회에 대한 책

임을 중요시하는 행동을 해야 합니다.

- **문제 해결 능력** 복잡한 문제를 분석하고 해결하는 능력을 갖추고 있어야 합니다.
- **지속적인 발전과 역량 강화** 스스로를 계속해서 성장시키고 발전시키는 의지와 역량을 가지고 있어야 합니다.

이러한 인재상을 갖춘 인재들이 삼성전자의 비전을 실현하고 기업의 성공을 끌어갈 수 있습니다.

【Think】 위와 같이 삼성전자의 비전에 따른 인재상을 ChatGPT가 분석하였다. 삼성전자는 글로벌 기업으로서 혁신과 창조를 추구하며, 끊임없이 발전해 나가고 있다. 따라서 삼성전자가 추구하는 인재상은 창의적이면서도 문제해결 능력과 협업 능력이 뛰어나며, 끊임없이 발전하고 성장할 수 있는 인재를 선호한다.

ChatGPT는 충분한 정보 습득이 되었다고 판단하여 실제 입사 지원한 지원자의 자기소개서 내용을 인식시키고 분석을 시도해 보았다. 해당 이력서는 채용 전문 플랫폼인 인크루트에 공개된 삼성전자 합격 자기소개서 샘플을 활용하였다.

Q3) **삼성전자 인재상 정보를 활용하여 아래의 삼성전자 AS서비스 부문 지원자의 자기소개서를 분석해줘**(아래에 대하여서는 실제 자기소개서 내용 전문을 입력함)

A) 삼성전자 AS 엔지니어 부문 지원자의 자기소개서를 분석하여 삼성전자의 인재상에 걸맞은지 확인해보겠습니다.

▶ 자기소개서 분석 ◀

(성장 과정) 지원자는 어린 시절 할머니와 함께 생활하며 힘들었지만, 할머니의 사랑과 보살핌으로 강한 성장을 이루었다고 언급하고 있습니다. 또한, 부모님의 당부와 할머니의 지원을 통해 자립심과 책임감을 느끼고 성실하게 살아가려고 노력했다고 말하고 있습니다.

(성격의 장단점) 지원자는 차분하고 온화한 성격을 지녔으며, 성실하고 책임감 있는 태도로 일에 임하고 작은 일도 완벽하게 처리하려고 노력한다고 소개하고 있습니다. 또한 자신감과 추진력을 갖고 새로운 일에 도전하며, 따뜻하고 다정다감한 성격으로 대인 관계를 유지한다고 언급하고 있습니다.

(경력 사항) 지원자는 학업과 직장에서 최선을 다하며 실무능력을 키워왔다고 설명하고 있습니다. 공업고등학교와 직업전문학교에서 공부하고, PC 정비사와 PC 수리기사로 일한 경험이 있습니다. 또한 기술팀에서 일하며 성실하고 책임감 있는 태도로 좋은 평가를 받았고, 군대 생활을 대체한다는 사고로 일했다고 언급하고 있습니다.

(지원 동기 및 포부) 지원자는 자기 능력을 계속해서 발전시키기 위해 노력해왔으며, 부족한 부분에 대한 열정과 배움에 대한 의지가 있다고 말하고 있습니다. 국내 최고의 기업인 삼성전자에서 전문가가 되기 위해 최선을 다할 의지와 목표를 갖고 있다고 소개하고 있습니다.

위와 같이 A4 2장 분량의 자기소개서를 1/4 수준으로 압축하여 자기소개서 분석을 효과적으로 수행했습니다. 분석된 자기소개서를 바탕으로 삼성전자 인재상에 부합하는지 확인하고, 항목을 수치화하여 점수로 환산하는 단계로 이어질 예정입니다.

Q4) 위 지원자의 자기소개서를 삼성전자의 인재상에 빗대어 볼 때 적합도를 1에서 100까지로 수치화하고, 근거를 제시해 주고, 표로 작성해줘.

A) 항목별 적합도와 근거는 아래와 같습니다.

요소	평가 점수	근거
비전과 목표	90	지원자는 삼성전자의 비전과 목표에 대한 이해를 잘 나타내었습니다. 그들은 회사의 방향성과 목표에 동참하며 역할을 수행할 의지가 있다고 언급했습니다.
전문지식과 경험	85	지원자는 자신의 전문지식과 관련된 경험을 소개했습니다. 그들은 해당 분야에서 업무 수행에 필요한 지식과 경험을 보유하고 있다고 언급했습니다.
창의성과 혁신	90	지원자는 창의적인 사고와 혁신에 대한 태도를 강조했습니다. 그들은 새로운 아이디어를 제시하고 문제를 창의적으로 해결할 수 있는 능력을 갖추고 있다고 언급했습니다.
협업과 리더십	85	지원자는 팀 협업과 리더십 능력을 언급했습니다. 그들은 효과적인 협업과 팀원들을 이끄는 능력을 갖추고 있으며, 함께 목표를 달성하는 경험이 있다고 언급했습니다.
커뮤니케이션	95	지원자는 효과적인 커뮤니케이션 능력을 강조했습니다. 그들은 명확하고 간결하게 의사소통할 수 있으며, 원활한 대화와 정보 공유를 통해 효과적인 업무 수행이 가능하다고 언급했습니다.
윤리와 책임감	90	지원자는 윤리적인 가치와 책임감을 강조했습니다. 그들은 공정한 태도와 책임 있는 업무 수행을 중요시하며, 회사의 규칙과 윤리적인 원칙을 준수할 의지가 있다고 언급했습니다.
적응력과 유연성	95	지원자는 변화에 빠르게 적응하고 유연하게 대처할 수 있는 능력을 강조했습니다. 그들은 다양한 환경에서 업무를 수행하고 변화에 대응하며, 긍정적인 태도로 도전을 수용할 준비가 되어 있습니다.

【Think】위에서 제시된 자기소개서를 종합적으로 평가해 본 결과, 지원자는 삼성전자의 인재상을 잘 반영하고 있는 요소들을 다양하게 담고 있는 것으로 나타났다. 이에 대한 평가지수를 1에서 100까지 수치화할 때, 해당 지원자의 자기소개서는 약 90점 정도의 높은 적합도를 가지고 있다고 할 수 있다. 이는 지원자가 삼성전자에서 요구하는 역량과 가치를 잘 이해하고 있으며, 그에 부합하는 경험과 능력을 충분히 갖추고 있다는 것을 보여주는 증거로 볼 수 있다.

이어서 해당 자기소개서를 작성한 지원자가 서류전형에서 합격했다고 가정하고 면접 시에 면접관이 할 수 있는 적절한 질문의 예시를 도출해 보고자 한다.

Q5) 위 지원자가 서류전형에 합격했다고 가정하고 해당 자기소개서에 근거하여 면접 시에 할 수 있는 질문을 10개 만들어줘.

A) 삼성전자의 면접 질문 10개는 아래와 같습니다.

- 자기소개서에서 언급한 프로젝트 중에서 가장 도전적이었던 경험에 대해 자세히 설명해주세요. 그 도전 속에서 어떤 역할을 맡았고 어떤 결과를 얻었나요?
- 자기소개서에서 언급한 리더십 경험에서 가장 큰 도전은 무엇이었나요? 그 상황에서 어떻게 팀을 이끄셨고 어떤 성과를 끌어냈나요?
- 자기소개서에서 언급한 삼성전자의 문화와 가치관 중에서 가장 공감하는 부분은 무엇인가요? 그 가치관을 실천하기 위해 어떤 노력을 하고 있나요?
- 자기소개서에서 언급한 기술적 역량을 향상하기 위해 어떤 노력을 하고

있는지 알려주세요. 어떤 학습 방법이나 도전적인 프로젝트를 경험해보았나요?

● 자기소개서에서 언급한 다양한 팀원들과의 협업 경험에서 가장 큰 도전은 무엇이었나요? 어떻게 그 도전을 극복하고 팀의 목표를 달성했나요?

● 자기소개서에서 언급한 삼성전자의 글로벌 비전에 대해 어떻게 생각하나요? 어떻게 자신의 역량과 경험을 바탕으로 그 비전을 실현할 수 있는지 설명해주세요.

● 자기소개서에서 언급한 고객 중심의 사고방식이 무엇인지 알려주세요. 이 사고방식을 통해 어떤 고객의 요구를 이해하고 충족시켰나요?

● 자기소개서에서 언급한 삼성전자의 혁신과 변화에 기여할 수 있는 역량 중에서 가장 강조하고 싶은 것은 무엇인가요? 왜 그 역량을 강조하고 싶은지 설명해주세요.

● 자기소개서에서 언급한 다양한 프로젝트 경험 중에서 가장 성공적인 프로젝트는 무엇이었나요? 성공의 기준과 그 프로젝트에서 어떤 역할을 맡았는지 알려주세요.

● 자기소개서에서 언급한 도전적인 상황에서의 실패 경험에 관해 이야기해주세요. 실패의 원인은 무엇이었고, 그 후 어떻게 극복하고 성장했나요?

【Think】위와 같이 지원자의 자기소개서를 분석함으로써 기업에서는 인재상과 결부시켜 좀 더 기업 특성에 맞는 지원자를 추려낼 수 있다는 장점을 가지게 된다. 그러나 이 도구는 세부 요건이나 정보 등을 추가적로 입력할 때만 정확도를 높일 수 있으며, 추가적인 분석을 요구할 때 직무별 역량 측면의 접근이 필요하다. 이는 인재상을 중심으로 풀어나간 방법이므로, 직무별 역량측면

또한 고려해야 한다.

많은 취업 플랫폼들은 지원자들의 역량을 분석하는 다양한 분석 도구들을 제공하고 있다. 그러나 기업의 특성에 맞는 커스터마이징 측면에서는 다소 약한 부분이 있는 것이 사실이다. 따라서 ChatGPT를 활용하여 기업의 인재상이나 경영 철학 등을 분석하고 이를 반영하여 지원자들을 분석하는 도구로써 활용할 수 있다면, 기업 채용담당자들의 지원자 선별 업무를 줄여 줄 수 있는 수단이 될 것이다.

추가로, ChatGPT를 활용하여 이전에 합격한 자기소개서들을 분석함으로써, 이상적인 자기소개서의 예시를 제시할 수 있다. 이를 통해 지원자들은 자신의 자기소개서를 개선하는 데에 도움을 받을 수 있을 것이다.

ChatGPT는 매우 유용한 도구이지만, 실제 활용 시에는 고려해야 할 사항이 여러 가지가 있다. 예를 들어, 같은 질문에 대해 다양한 답변이 나올 수 있다는 점을 고려해야 한다. 이럴때, 여러 가지 답변을 비교하고 검토하는 것이 중요하다. 필자도 위의 결과를 얻기 위해 여러 차례 반복적으로 질문을 시도해야 했다.

ChatGPT는 많은 데이터가 축적되면 더욱 정확한 결과를 도출할 수 있으며, 질문을 통한 사전 학습의 방법으로 양질의 결과를 만들어 낼 수 있다. 이러한 이유로, ChatGPT 사용에 따른 데이터의 수집과 분석 방법이 매우 중요하다. 많은 데이터를 수집하고 분석함으로써, 더욱 정확하고 유용한 결과를 얻을 수 있기 때문이다. 또한, 데이터의 다양성을 고려하여 수집하는 것도 필요하다.

이는 ChatGPT를 보다 효과적으로 활용할 수 있는 방법의 하나다.

ChatGPT를 활용하면 기업의 채용 프로세스를 효율적으로 개선할 수 있다. 이를 통해 기업 채용담당자들은 더욱 정확하고 빠르게 인재를 선별할 수 있다. 보다 효과적으로 ChatGPT를 활용하기 위해서는 기업의 특성에 맞는 커스터마이징 측면을 강화하여 최적화된 채용 프로세스를 구축해야 한다. 이를 위해서는 기업은 자사의 인재상을 정확하게 도출하고, 외부에 공개되지 않은 정보를 활용하여 ChatGPT 활용을 통해 적합한 인재를 채용하는데 활용 할 수 있길 바란다.

최요섭   현재 식품 외식기업 주식회사 전한에서 6년째 재직 중이며 현재 경영기획팀 팀장을 맡고 있다. 외식기업 아웃백스테이크하우스에서 첫 사회생활을 시작하였고 약 8년의 재직기간 동안 매니저로서 외식업 전문역량을 취득했다. 공저:《MZ 익스피리언스》

03

신입사원 및 중견 사원급 경력자 면접: ChatGPT 활용

| 심영보 |

면접을 위한 ChatGPT 질문 스킬

면접은 우리 회사에서 필요로 하는 능력을 갖춘 사람으로서 우리 회사 문화에 적응하여 장기간 근속을 하면서 꾸준히 성과를 내어 회사 발전에 기여할 수 있는 사람을 선별하는 중요한 과정이다. 이 과정은 지원자에게 우리 회사의 가치관과 업무 환경, 그리고 각 부서에서 요구하는 전문 역량 등을 이해하고, 이를 충족시킬 수 있는지를 판단하는 것을 목적으로 한다.

면접 진행 시 ChatGPT를 활용하여 다수의 후보자에 대해 면접관에 관계 없이 동등한 평가를 받을 수 있도록 균질의 문제와 모범답안을 제공할 수 있고, 질문의 난이도를 단계별로 조절하여, 지원자의 전문성과 경력을 종합적으로 평가할 수 있다. 경력이 많은 지원자일수록, 그동안 수행한 직무의 기능과 그 지원자가 재직했던 회사에서 경험하고 다루었던 업무의 내용이 복잡하게 결합한 결과물로 볼 수 있다. 따라서, ChatGPT로부터 전문성이 고도화된 지원자를 위한 정확한 면접용 질문을 얻기 위해서는, 지원자가 과거에 재직했던 회사의 상황이나 업무 내용을 최대한 자세히 제공하는 것이 중요하다.

더구나 ChatGPT는 인공지능 기술을 기반으로 하고 있어서, 이를 활용하여 얻은 정보를 확실하게 믿을 수는 없다. 따라서, 담당자는 ChatGPT를 보완하고, 지원자의 전문성을 정확하게 파악하기 위해, 면접 진행 전에 지원자의 이력서와 자기소개서를 자세히 살펴보아야 한다.

또한, 세상이 ChatGPT와 같은 인공지능 기술로 인해 변화하는 상황에서, 인사 담당자도 새로운 기술과 동향에 대한 이해와 학습이 필요하다. ChatGPT를 활용하면, 기존에 필요로 하던 것 이상의 능력을 갖추어, 적극적으로 새로운 인사 체제를 구축하고, 회사 발전에 기여할 수 있는 인사 역량을 갖출 수 있게 된다.

일반적으로 면접은 역량(기술) 면접과 인성 면접으로 나눌 수 있다. 역량 면접은 역량, 기술, 전문성 등을 평가하고, 인성 면접은 개인적인 기본 성향과 조직의 적응성 등을 평가한다. ChatGPT는 인성 면접보다는 역량 면접에 더 유용하다. 보통 인성 면접과 관련된 질문은 인터넷 검색을 통해 얼마든지 좋은 질문과 모범 답안을 구할 수 있다.

본격적으로 ChatGPT에 질문을 시작해 보려고 하니 막상 기술적인 면접용 질문과 관련하여 "나는 기술을 모르는데?", "뭘 물어보지?"라는 벽에 부딪히게 된다면, 이때는 채용공고의 내용에서부터 시작하면 되고 그 이후 단계에서의 핵심은 ChatGPT가 준 답에서 새로운 질문의 요소를 찾는 스킬을 키우는 것이다.

【Fact】 ChatGPT 활용 시 질문 내용의 구성은 구체적인 정보를 담고 있어야 기대하는 응답을 끌어낼 수 있다. ChatGPT를 통해 면접 시나리오 구성 시 채용공고의 직무내용을 기본으로 하여 더욱 상세하게 질문 내용을 구성해서 질문하는 것이다.

Q1) 전기공학을 전공한 중견 사원이 건설회사에 지원하였을 때 전기분야의 전문성을 건설회사에서 어떻게 발휘할 수 있는지 면접 시나리오를 작성해줘.

A) 전기공학을 전공한 중견 사원이 건설회사에 지원 시 면접 시나리오는 아래와 같습니다.

면접관 건설회사에 지원하게 된 동기와 이유에 대해 말씀해주세요. 건설 분야에서의 역할에 관한 관심과 이유를 알려주세요.

지원자 제가 건설회사에 지원한 이유는 몇 가지가 있습니다. 첫째, 건설 분야에서 현실적이고 구체적인 결과물을 창출하는 과정에 매력을 느꼈습니다. 둘째, 전기공학 전공 지식과 기술을 활용하여 건설 프로젝트의 전기 시스템 설계와 운영에 기여하고 싶다는 열망이 있습니다. 셋째, 건설회사의 전문성과 성장 잠재력에 동기부여를 받았습니다.

면접관 좋습니다. 다음 질문은 팀 혹은 조직 내에서 협업하는 과정과 역할에 대해 어떻게 생각하시는지 알려주세요.

지원자 저는 팀 협업을 매우 중요하게 생각합니다. 건설 프로젝트는 다양한 분야의 전문가들이 함께 작업하는 것이 필수적입니다. 저는 팀원들과의 원활한 의사소통과 협력을 통해 공동의 목표를 달성하는 것을 추구합니다. 역할과 책임을 명확히 이해하고 효과적인 일정 관리와 리더십을 발휘하여 팀의 성과 향상에 기여하고 싶습니다.

면접관 매우 좋습니다. 다음 질문은 어려운 결정을 내려야 할 때 어떻게 접근 하고 어떤 과정을 거치는지 알려주세요.

지원자 어려운 결정을 내리기 위해 저는 다음과 같은 접근 방식을 취합니다. 첫째, 문제 상황을 체계적으로 분석하고 필요한 정보를 수집합니다. 둘째, 다 양한 해결책을 검토하고 각각의 장단점을 평가합니다. 셋째, 이해관계자들과 의 커뮤니케이션을 통해 의견을 수렴하고 토론합니다. 마지막으로, 최종적인 결정을 내리기 위해 중요한 요소들을 고려하고 행동 계획을 수립합니다.

면접관 마지막 질문으로, 건설회사에서의 성공적인 프로젝트 경험에 관해 이야기해주실 수 있을까요?

지원자 네, 저는 전기공학 전공으로써 건설 프로젝트에서의 경험이 있습니다. 최근에 참여한 프로젝트에서는 건물의 전기 시스템 설계와 구축에 관여하였 습니다. 팀원들과의 협업을 통해 프로젝트 일정을 준수하고 고객 요구사항을 충족시키는 데 성공하였습니다. 또한, 문제 발생 시 신속하게 대처하고 원활한 소통을 통해 프로젝트의 성공적인 완료에 기여하였습니다.

【Think】ChatGPT를 기능적으로 잘 다루는 것은 중요하다. 주제 범위를 한정 지어서 질문을 더욱 구체화하고 명확하게 하는 것이 ChatGPT를 잘 활용하는 방법이다. 이러한 스킬이 향상되면, ChatGPT가 제공하는 답변도 내가 원 하는 범위 내에서 답변을 제공하도록 유도할 수 있다.

단답형이 아닌 경우, ChatGPT는 재생성 명령에도 같은 답변을 제공하지 않는다. 주어진 내용 이외의 것에 대해서는 변수로 판단하지만, 어떤 변수는 범위를 좁히지 않은 상태 그대로 둔 채로 답변을 제공하고, 다른 변수는 기존에 주어진 내용과 결합하여 답변을 도출하기 위해 임의의 값을 가정한다. 이러한 이유로 인해, 가능한 다양한 변수를 매번 다르게 반영하므로, 답변도 매번 다르게 나온다.

결론적으로, ChatGPT는 주어진 조건 내에서 주어지지 않은 내용을 스스로 한정하거나 가정하여 답변을 제공한다. 따라서, 너무 예상치 못한 방향으로 흘러가면, 추가적인 질문이 필요해지고, 이를 토대로 답변을 정리하는 데 많은 시간과 노력이 필요할 때도 있다. 따라서, ChatGPT를 잘 활용하기 위해서는 기대하는 응답을 이끌어내는 질문 스킬이 매우 중요하다. ChatGPT를 반복적으로 사용하다 보면 터득이 될 수 있지만, 최적의 질문을 구성하는 방법에 대해 별도의 학습을 위한 노력도 필요하다.

【Fact】 다음과 같이 ChatGPT를 활용하여 면접 질문과 모범 답안을 요청해 보았다.

Q2) 경영학과 전공의 경력사원 채용을 위한 면접 질문과 모범 답안 작성해줘.
A) 현재까지의 경력에서 가장 큰 성취는 무엇인가요?
(모범 답안) 제가 경력을 쌓은 이전 회사에서는, 고객 만족도를 높이기 위해 매장별로 서비스 품질을 측정하고, 그 결과를 개선하는 방안을 제안했습니다.

【Think】 상기 질문과 모범 답안 이외에도 4가지의 질문과 모범 답안을 더

내놓았지만 여기서는 생략하겠다. 위 답안의 내용으로 보아 답변을 한 사람의 전문 분야는 '영업', '마케팅', '매장관리' 직무로 추측할 수가 있다. 이처럼 주어지지 않은 직무에 대해 ChatGPT 나름대로는 가장 보편적인 상황을 가정하고 답을 제시한다. 즉 경영학과를 전공한 사람이 회계 분야나 인사 분야, 전략기획에도 존재할 수 있지만 ChatGPT는 영업이나 마케팅에 종사하는 사람이 더욱 많을 것이라는 전제를 깔고 답변함으로써 좀 더 보편적이면서도 구체적인 답변을 제시할 수 있는 것이다.

따라서 ChatGPT가 가정한 내용이 질문자가 원하는 것이 아니면 이 부분만을 ChatGPT에 추가로 제시함으로써 아래와 같이 수정된 질문을 완성해 나가도록 한다.

Q3) 경영학과를 전공한 경력사원으로 회계팀에 적임자를 찾기 위한 채용 질문과 모범 답안 작성해줘.

A) 경영학과를 전공한 경력사원으로 회계팀에 적임자를 찾기 위한 면접 문제와 그 문제의 모범 답안을 알려주세요

(모범 답안) 제가 경영학을 전공한 이유는 회계와 금융 분야에 관한 관심과 열정 때문입니다. 대학에서 회계 관련 과목을 수강하고, 실제 업무 경험을 통해 회계 업무에 대한 이해와 경험을 쌓았습니다. 회계원장 작성, 재무제표 분석, 세금 신고 등 다양한 회계 업무를 수행한 경험이 있으며, 회계 원칙과 규정을 준수하여 정확한 재무 정보를 제공하는 것이 중요하다는 것을 인지하고 있습니다.

회계 업무에서 어려움을 겪었던 경험과 그를 해결한 방법에 대해 알려주세요.

(모범 답안) 저는 회계 업무에서 업계 규정의 변동성과 복잡성에 대해 어려움

을 겪은 적이 있습니다. 이러한 상황에서는 업계 동향과 규정을 주기적으로 파악하고, 업데이트된 지식과 기술을 습득하는 데 노력했습니다. 또한, 팀원들과의 협력과 지식 공유를 통해 서로의 강점을 활용하고 문제를 해결했습니다. 끊임없는 자기 계발과 학습을 통해 회계 업무의 변화에 대응하고, 정확하고 효율적인 업무 수행을 위해 노력하고 있습니다.

Q4) 재무제표를 분석하고 비즈니스 의사결정을 하는 과정에 관해 설명해주세요.
(모범 답안) 재무제표 분석은 기업의 재무 상태와 성과를 평가하는 중요한 과정입니다. 먼저, 손익계산서, 재무상태표, 현금흐름표 등의 재무제표를 분석하여 기업의 경제적인 상황을 파악합니다. 이후, 비율 분석, 수평 분석, 수직 분석 등을 통해 재무 데이터를 해석하고, 기업의 재무 성과와 안정성을 평가합니다. 이를 바탕으로 경영진에게 재무상의 강점과 약점, 잠재적인 위험 요소 등을 제시하여 비즈니스 의사결정에 도움을 주는 역할을 합니다.

【Think】다음으로 ChatGPT에 구체적인 내용을 질문하기 위해서는 내가 가진 정보를 먼저 살펴볼 필요가 있다. 이것을 가지고 하나하나 질문을 늘려 나가게 된다. 예를 들어 우리 회사는 ①건설회사이고 채용공고에 올린 내용으로는 ②직무는 사업관리이고 ③직급은 과장급의 경력사원을 채용하려고 한다. ChatGPT가 질문을 문맥상으로 이해하기 때문에 어순의 관계나 어떤 형용사, 부사, 조사 등을 사용할지를 너무 걱정하지 말고 일단 간단하게 위의 내용을 요청할 한 문장으로 정리하면 된다.

Q5) 건설회사의 사업관리 업무를 수행할 중간관리자급의 인력 채용을 위한

질문과 모범 답안 작성해줘.

A) 건설 프로젝트에서의 사업관리 역량과 중요한 역량을 말씀해 주세요

(모범 답안) 건설 프로젝트에서의 사업관리 역량은 다양한 요소들을 조율하여 프로젝트의 성공을 끌어내는 역할을 수행합니다. 중요한 역량으로는 다음과 같은 것들이 있습니다. 첫째, 프로젝트 계획과 일정 관리 역량입니다. 프로젝트의 목표를 설정하고, 세부적인 계획을 수립하며, 일정을 관리하여 프로젝트가 원활하게 진행되도록 합니다. 둘째, 예산 편성과 통제 역량입니다. 예산을 효율적으로 할당하고, 지출을 추적하여 프로젝트의 예산을 통제합니다. (이하 생략)

【Think】 결과가 너무 보편적이기도 하지만 우리 회사에 맞는 수준으로 한정하여 사업관리에 대한 전문성을 파악하고자 아래와 같이 질문했다.

Q6) 프로젝트 규모별로 나눈다면 어떻게 구분하면 되는지 설명해줘.

A) 대형 프로젝트는 100억 원 이상의 규모를 갖는 프로젝트로, 대규모 터널, 다리, 고속도로, 건물 등을 건설하는 프로젝트가 이에 해당합니다. 대형 프로젝트의 경우, 프로젝트 매니저, 공사 총괄 감리자, 현장 감리자, 현장 안전관리자, 계약 관리자 등 다양한 역할의 인력들이 필요합니다.

중형 프로젝트는 대체로 10억 원 이상 100억 원 이하의 규모를 가지는 프로젝트로, 중형 교량, 건물 등을 건설하는 프로젝트가 이에 해당합니다. 중형 프로젝트의 경우, 프로젝트 매니저, 현장 감리자, 현장 안전관리자, 사무직 인력 등이 필요합니다.

소형 프로젝트는 대체로 10억 원 이하의 규모를 가지는 프로젝트로, 아파트 리모델링, 주택 건설 등이 이에 해당합니다. 소형 프로젝트의 경우, 프로젝트 매니저, 현장 감리자, 현장 안전관리자, 사무직 인력 등이 필요합니다. 보통 1~2명 정도의 프로젝트 매니저가 필요합니다. 보통 1명의 총괄 감리자가 필요합니다. 현장 감리자가 10명 이상 필요할 수 있습니다. 보통 3~5명의 안전 관리자가 필요합니다. 계약 관리자가 1~2명 필요할 수 있습니다."

위의 구분은 일반적인 경향이며, 실제 회사의 상황과 프로젝트의 특성에 따라 조정될 수 있습니다.

【Think】 건설 프로젝트는 대형, 중형, 소형으로 분류할 수 있으며, 그 규모와 범위에 따라 필요한 인력과 역할이 달라진다. 100억 원의 대형 프로젝트에 아래와 같이 캡쳐 질문을 시도했다.

Q7) 수행해야 할 프로젝트는 100억 원 규모 프로젝트 4개가 있는 상황이라면 사업관리업무를 수행하는데 필요한 인력 수는 몇 명이면 되는지 알려줘.

A) 일반적으로는 프로젝트 매니저, 사업관리팀원, 인력관리팀원, 예산관리팀 원, 일정관리팀원, 품질관리팀원, 안전관리팀원이 필요하며 100억 원 규모의 프로젝트 4개를 수행할 경우, 인력 수요는 프로젝트 규모, 복잡도, 일정 등에 따라 다를 수 있습니다만 일반적으로는 보통 1~2명 정도의 프로젝트 매니저 가 필요하고 보통 1명의 총괄 감리자가 필요하며 현장 감리자가 10명 이상 필 요할 수 있습니다. 안전관리자는 보통 3~5명이 필요하며 계약 관리자가 1~2 명 필요할 수 있습니다. 프로젝트별로 약 20명의 인력이 필요하니 총 100명 정 도가 필요합니다.

【Think】한 가지 주의해야 할 사항은 모범 답안이 갖는 제약성이다. 모범답안의 경우 수보다 오답의 경우 수가 훨씬 많다는 것이다. 우리가 오답을 찾는데 너무 매몰되다 보면 지원자의 답변 내용 중에서 일부 틀린 내용이 있어도 이것이 정답인지 오답인지 판단할 능력을 갖추지 못한다는 점이다. 이러한 이유로, 지원자를 제대로 평가하려면, 단순히 정답이나 모범 답안을 골라내는 데 들어가는 시간과 노력보다, 어떤 유형의 오답이 나올 수 있는지를 찾는 데 더 노력해야 한다.

그래서 ChatGPT를 활용하면 도움이 된다. ChatGPT를 사용하면, 모범 답안 이외에도, 다양한 유형의 오답을 예측하고, 이를 활용하여 지원자를 평가할 수 있다. 이러한 방법을 사용하면, 지원자를 더 정확하게 평가할 수 있으며, 그 결과, 올바른 결정을 내리는 데 도움이 될 것이다. 아래와 같이 추가 질문을 해보았다.

Q8) 면접에서 지원자에게 수행해야 할 프로젝트는 100억 원 규모 프로젝트 4개가 있는 상황이라면 사업관리업무를 수행하는데 필요한 인력 수는 몇 명이면 되는지 물어보았는데 잘못된 답변의 예를 들어줘.
A) 응답 1. 10명 정도면 충분합니다. 필요한 인력 수를 정확히 판단하기 위해서는 프로젝트의 세부사항, 규모, 복잡성, 일정 등을 고려해야 합니다. 단순히 "10명 정도면 충분"이라고 답하는 것은 너무 무책임한 답변입니다. 특히, 4개의 100억 원 규모 프로젝트를 동시에 관리해야 한다면 인력 필요 수는 상당히 높을 수 있습니다.
응답 2. 인력 수는 중요하지 않습니다. 기술과 리더십이 더 중요합니다. 사업 관리 업무에서 기술과 리더십 능력은 중요하지만, 필요한 인력 수도 결코 무시할 수 없습니다. 사업 관리 업무에는 일정 조율, 리소스 할당, 예산 관리, 이해 관계자 커뮤니케이션 등의 작업이 수반됩니다. 이 모든 작업을 수행하기 위해서는 충분한 인력이 필요합니다.

【Think】 물론, 이 방법은 모든 기업에 적용하기에는 한계가 있다. 그러나 우리가 판단해야 할 것은 이와 같은 방법으로 작성된 답변의 내용을 참고하여 우리 회사에 해당하는 내용을 추가하는 것이다. 예를 들어, 우리 회사의 주력 사업이 '플랜트'라면 해당 분야의 플랜트와 관련된 추가 질문을 하면 된다. 이러한 질문은 면접뿐 아니라 일상적인 엔지니어링 업무에서도 활용될 수 있다. 이러한 방식으로 우리 회사에서는 엔지니어링 분야에서의 실무 경험을 검증하고, 엔지니어링 역량 평가에 적용할 수 있다.

전략적 파트너로서의 HR에 ChatGPT 접목하기

경영진이 회사 사업과 관련되어 의사결정을 진행할 때 사람에 대한 부분은 HR과 함께 처음부터 끝까지 논의하고 HR은 의사결정에 기여하는 역할을 할 수 있어야 한다고 본다. 이를 위해서는 과거처럼 정해진 전략에 맞춰서 지시받아 수행만 한다면 전략적 파트너라고 할 수가 없을 것이다.

그림을 잘 그리는 사람이 평론가도 할 수 있겠지만 평론가가 반드시 최고의 화가이어야 할 필요는 없다. 따라서 사람 개개인에 관한 판단보다는 장기판에서 전체적으로 말을 어떻게 움직일 것인가와 같이 큰 그림을 볼 줄 알아야 한다.

이러한 관점에서, 직원 한 명 한 명을 관리하는 오퍼레이션 기능보다는 회사가 신사업을 추진하면서 우리의 인적자원의 수준과 신사업의 글로벌 스탠더드한 인적 자원 수준을 비교할 필요가 있다. 우리가 열세인 분야에 대해 우수한 인적자원을 어디서 어떻게 확보할 것이며 기존의 인력들에게서 부족한 부분을 어떻게 육성할 것인가를 시뮬레이션해야 한다. 또한 회사가 원하는 수준의 결과를 달성하는 것이 가능한지, 그 시기가 언제쯤 될지에 대한 정보를 제공함으로써 신사업 추진에 대한 의사결정에 도움을 줄 수 있어야 한다는 것이다.

R&D 부서에서는 우리 역량으로 만들 수 있는 것인지, 생산부서에서는 수율이 어느 정도까지 나와야 수익이 남는지, 영업부서는 우리 네임밸류로 시장에 나가서 장사가 될지를 검토해야 한다. 이러한 모든 것을 신사업 추진 여부를 결정하듯이 추진하는 인력자원에 대해 검증하고 그 가능성 유무를 제시하여야 전략적 파트너라고 할 수 있다.

회사가 발전하는 데 있어서 인사가 제대로 된 역할을 하기 위해서는 우리 회사의 비즈니스에 대한 이해가 제일 중요하다. 우리 회사가 무엇을 하는 회사이고 어떻게 수익을 창출하며 인재는 어떤 인재가 필요한지를 논하고 연결할 수 있어야 한다. 그러나 대부분 인사업무를 하는 사람들은 오퍼레이션 업무에 집중되어 있고 조직이나 인력 운영을 담당하는 담당자 한두 사람 정도만이 회사의 비즈니스에 대해 이해할 뿐이다.

따라서, HR은 회사의 복잡한 업무환경에서 인적자원의 역할과 기능을 이해하고, 이를 바탕으로 HR이 전략적 파트너로서 조직과 함께 성장할 수 있도록 역량을 갖춰야 한다. 경력사원을 위한 질문을 완성해가는 과정처럼 ChatGPT 와 같은 도구를 활용하여 인사업무와 관련된 지식과 기술을 습득하고, 회사 의 비즈니스 모델과 전략에 대한 이해도를 높여야 한다.

미래의 어느 순간에 우리 회사에 특화된 생성형 AI에 지원자의 이력서를 입력 하면 질문도 알아서 만들고 지원자의 답변을 파악하고 동시에 표정이나 음성 에서 진위를 분석할 수 있는 수준의 AI가 나온다면 HR의 전력적 파트너로서 의 역할은 더더욱 확대될 것이다. HR은 이러한 변화와 함께, 인사업무의 자동 화와 인공지능 기술의 발전을 적극적으로 활용하여, 회사의 인적자원 관리를 보다 전문적이고 효율적으로 수행할 수 있도록 노력해야 한다.

지원자 관점에서 ChatGPT를 통해 모범 답안을 만들어 낼 수 있다. 답만 외워 오는 지원자를 구별해 낼 수 있도록 하는 깊이 있는 질문으로 이어갈 수 있는 추가 질문을 준비하면 ChatGPT를 100% 활용하였다고 할 수 있을 것이다.

심영보　삼성전자 DS총괄과 DB하이텍에서 SH급 핵심인력채용을 주로 담당하면서 신입 사원채용, 외국인채용 등도 진행하였고, 이후 서울반도체와 한솔이엠이에서 인 사업무를 총괄했다.

직원 교육 및 트레이닝: ChatGPT 활용

| 박은혜 |

기업의 교육 담당자들은 경영상의 요구를 최선의 교육적 해결 방안으로 전환할 수 있는 절차 및 기법을 반영하여 교육 프로그램을 성공적으로 디자인하고 개발해 왔다. 현장에서의 업무 수행 문제를 꼼꼼하게 분석하여, 교육적 대안과 교육 외적 대안을 구체적으로 진단하고 처방했다. 과거 모든 문제를 교육으로 해결하고자 하는 오류를 극복하고 최적의 프로그램을 개발하여, 교육에 투자되는 시간과 비용을 절감할 수 있었다.

그러나, 교육 전문가들이 열심히 일해서 학습자들이 꼭 배워야 할 기술과 지식을 습득했다고 해도 그들의 기술을 강화해 주고 도움이 필요할 때 코칭을 해주는 지속적인 자극과 협조적인 환경이 없으면 그 결과가 제한적일 수밖에 없다. 이에 대한 대안으로, ChatGPT의 활용은 구성원들의 학습 민첩성을 지속해서 강화하고, 학습 촉진제 역할을 효과적으로 지원하는 유용한 도구가 될 수 있다. ChatGPT를 통해 구성원들이 궁금해하는 것들에 대한 답변을 제공하고, 지속적인 학습을 지원함으로써 구성원들의 학습 민첩성을 향상하고, 업무 수행 능력을 강화할 수 있다.

여느 산업이 그렇듯, 호텔 & 리조트 산업도 경쟁이 치열하며, 고객의 다양한 요구사항을 충족시켜야 하는 환경에서 운영되고 있다. 이에 따라, 새로운 기술의 도입과 지속적인 운영을 위한 환경 관리 등 다양한 영역에서 지식과 기술을 학습하고 적용해야 한다. 또한, 고객이 체감하는 서비스 경험이 매우 중요하기 때문에 예기치 않은 상황에서 빠르게 의사결정을 내리고 문제를 해결할 수 있는 능력이 필요하다.

ChatGPT를 이러한 서비스 산업에 종사하는 직원 교육 및 트레이닝에 적용하는 데 있어, 교수 전략 수립 단계와 교수 활동 단계로 구분하여 이야기 나누고자 한다.

교수 전략 수립 단계에서의 ChatGPT 활용

교수의 목적은 학습자들이 학습하는 것을 돕는 것이다. 이를 위해서 교수는 학습을 더욱 쉽고, 빠르게, 그리고 즐겁게 만들기 위한 목표를 가지고 있다. 교수는 학습자들이 더 다양한 지식을 습득하고, 더 나은 성과를 이룰 수 있도록 지원하는 역할을 수행한다. 이를 위해서 교수는 다양한 교수 기법과 방법론을 활용해야 한다.

교수 기법에는 강의, 토론, 그룹 프로젝트, 문제 해결, 실험, 게임 등이 있다. 이러한 교수 기법은 학습자들이 다양한 방식으로 학습할 수 있도록 지원해준다. 또한, 교수는 학습자들의 수준과 필요에 따라 적절한 교수 기법을 선택해야 한다. 이를 위해서 교수는 학습자들의 특성과 요구사항을 파악해야 한다. ChatGPT는 학습 목표에 따라 교수 전략 수립에 활용될 수 있다. ChatGPT는 학습자들의 특성과 요구사항을 분석하고, 적절한 교수 기법을 제안해 줄 수 있다. 또한, 학습자들이 실제로 적용해 볼 수 있는 구체적인 방법론의 제시도 가능하다. ChatGPT가 응답한 다음의 교수 전략을 살펴보자.

【Fact】 이해 학습^{Understanding}을 위한 교수 전략 수립 시 ChatGPT 응답 내용

Q1) 리조트 기업의 직원 교육에서 '분양권'에 대한 개념을 이해시키기 위한 교수 전략을 작성해줘.
A) 분양권에 대한 개념을 이해시키기 위한 교수 전략은 다음과 같이 구성될 수 있습니다.
- **개념 설명과 기본 용어 정리** 분양권이란 고객에게 부동산이나 휴양지 등의 특정 재산을 일정 기간 사용할 수 있는 권리를 말합니다. 분양권의 개념을 학습자들에게 이해시키기 위해 기본적인 용어와 개념을 설명합니다. 분양권의 정의, 기간, 재산의 종류 등에 대한 설명을 제공하여 개념을 명확하게 이해할 수 있도록 돕습니다.
- **사례 연구와 분석** 실제 리조트업을 하는 기업의 분양권 사례를 연구하고 분석합니다. 분양권의 특징, 장점, 한계 등을 학습자들과 함께 분석하고 토론합니다. 학습자들에게 사례 연구를 통해 분양권이 어떻게 운영

되는지를 이해하고, 그에 따른 이점과 주의점을 인지하도록 돕습니다.

- **시뮬레이션 게임 또는 롤플레이** 학습자들을 여러 팀으로 나누어 분양권을 주제로 한 시뮬레이션 게임이나 롤 플레이를 진행합니다. 각 팀은 실제 상황을 모방하여 분양권을 구매하거나 판매하는 과정을 체험하고, 이에 따른 재무적인 결정과 전략을 수립합니다. 이를 통해 학습자들은 분양권 거래의 복잡성과 전략적인 판단력을 향상시킬 수 있습니다.

- **Q&A 세션 및 토론** 학습자들이 분양권에 대해 궁금한 점이나 의문점을 질문하고 토론할 수 있는 시간을 마련합니다. 교육자는 학습자들의 질문에 대답하고 다른 학습자들과 의견을 교환하며 개념을 더욱 명확히 이해하도록 돕습니다.

- **퀴즈나 평가** 교육 내용을 확인하고 학습자들의 이해도를 평가하기 위해 퀴즈나 평가 시험을 실시합니다. 이를 통해 학습자들의 학습 성과를 확인하고 부족한 부분을 보완할 수 있습니다.

【Think】 이해란 보통 암기와 같은 기계적인 학습과 대비된다. 어떤 것을 의미 있게 이해하게 되면 그것은 훨씬 더 오래 지속되고, 다음 단계를 이해하는 데 도움이 될 것이며, 이해한 것을 적용할 수 있는 상황을 준다면 매우 다양하게 활용될 수 있다. 예를 들어, 수요 공급의 법칙은 의미 있게 이해되기만 하면 잊어버리지 않게 되며, 나아가서 소비 이론을 이해하는 데도 중요한 바탕이 된다. 또한, 일상생활의 여러 가지 상황에 광범위하게 적용될 수 있다.

따라서 이해 학습을 위해서는 이해해야 할 내용에 대해 해설, 배경 설명, 정보 제공, 관계 설명 등을 통해 의미 있는 전후 배경을 제시하고 실습으로 경험적 지식과 관련지어 지식을 풀어보거나 분석을 통해 정교화시키며 피드백을 제공하는 일련의 절차가 필요하다. ChatGPT는 특히 기업 교육을 고려하여 성인 학습의 원리를 잘 적용해 학습자들의 참여도와 자기 주도성을 높이고, 현업에서의 적용 가능성이 반영된 적절한 교수 전략을 제시했다고 평가할 수 있다. 성인학습 원리는 아래와 같다.

- 실제 상황과 밀착된 경험을 학습하고자 한다.
- 당면 문제와 관련된 경험을 학습하고자 한다.
- 현실 적용이 가능한 경험을 학습하고자 한다.
- 체면을 지키고자 한다.
- 지식보다는 감정에 영향을 받을 때 더 열심히 하고자 한다.
- 참여하기를 원한다.
- 상황, 행동, 사물이 어떻게 작용하는지 보고 싶어 한다.
- 강사뿐만 아니라 교육생 상호간에 배운다.
- 개별화된 경험을 좋아한다.

이번에는 업무 목표를 달성하기 위하여 실행되는 일련의 연속적인 활동 또는 기능(Skill)과 관련한 학습을 위해 ChatGPT가 제시한 교수 전략을 살펴보자.

【Fact】 절차 학습^{Procedure Using}을 위한 교수 전략 수립 시 ChatGPT 응답 내용

Q2) 골프장에서 라운딩이 진행되는 동안 '캐디가 해야 할 업무'에 대해 절차 학습 측면에서의 교수 전략을 작성해줘.

A) 골프장에서 라운딩이 진행되는 동안 캐디가 해야 할 업무에 대한 절차를

학습하기 위한 교수 전략은 다음과 같이 구성될 수 있습니다.

- **개념 설명과 중요성 강조** 골프 캐디의 역할과 중요성에 대해 학습자들에게 설명하고 강조합니다. 캐디가 골프 라운딩의 준비 단계부터 마무리 단계까지 어떤 업무를 수행하는지 이해하는 것이 중요하다는 점을 강조합니다.

- **업무 절차 설명** 골프 라운딩 전반에 걸쳐 캐디가 수행해야 할 업무 절차를 설명합니다. 준비 단계에서는 골프 클럽 체크, 필요한 장비와 용품 확인, 골프카트 준비 등을 설명합니다. 라운딩 중에는 골프어드바이스, 클럽 클리닝, 플레이어 지원 등의 업무를 설명합니다. 마무리 단계에서는 클럽 정리, 골프카트 회수 등의 업무를 설명합니다.

- **시연과 실습** 캐디의 업무를 시연하고 학습자들에게 실습 기회를 제공합니다. 캐디 역할을 맡은 사람이 실제로 준비 단계부터 마무리 단계까지의 업무를 수행하며, 학습자들은 그 과정을 관찰하고 필요한 경우 직접 수행합니다.

- **가이드라인 작성 및 공유** 학습자들은 골프 캐디 역할을 위한 가이드라인을 작성하고 공유합니다. 이 가이드라인은 학습자들이 학습한 내용과 실습을 바탕으로 작성되며, 골프장에서 일관된 표준 절차를 따를 수 있도록 안내합니다.

- **토론 및 질의응답** 학습자들에게 골프 캐디 업무에 관련된 질문을 유도하고 토론을 진행합니다. 학습자들은 서로의 경험과 의견을 공유하고, 교육자는 의문점을 해결하고 추가적인 설명을 제공하여 학습자들의 이해도를 높이는 데 도움을 줍니다.

【Think】 절차는 어떻게 학습될까? 업무 매뉴얼에 따라 절차의 단계를 하나

씩 실행하고 암기하는 것도 하나의 방법이 될 수 있다. 그러나 사실 모든 절차가 일반화를 요구하는 것은 아니며, 절차에는 항상 어떤 원리가 밑받침되고, 원칙에 따라 새로운 절차가 발명될 수 있다. 따라서 '하나를 알면 열을 알 수 있는' 본질적인 원리를 응용한 심화 학습의 경우, 추가적인 질문을 통해 보충이 필요하다는 것을 알 수 있었다. 이러한 의미에서 ChatGPT가 제시한 교수 전략은 생산 설비에서 부품을 조립하는 것처럼 물리적 움직임을 실행하는 측면에서는 학습을 위해 활용이 가능해 보인다. 다음으로 교수 활동 단계에서 ChatGPT를 활용하는 방법에 대해 알아보자.

교수 활동 단계에서의 ChatGPT 활용

컴퓨터가 교육 분야에 활용되기 시작한 역사는 1950년대로 거슬러 올라간다. 기업 교육 분야에서는 컴퓨터 활용 훈련이라는 의미로 CBT[Computer-Based Training]라는 용어를 사용해왔다. 당시 교육은 학습자 위주가 아닌 교수자 중심의 교육이었으며, 학습자가 괄호를 채우거나 번호를 선택하게 하는 등 단답식 반응을 이끌고, 이것이 틀리면 즉각적인 피드백과 함께 다른 문제가 제시되고, 대답이 맞으면 다음 내용이 제시되는 방식이었다.

1980년대에는 개인용 컴퓨터의 보급과 멀티미디어 기술의 발전으로 CBT가 큰 변화를 겪었다. 교육 자료에 음성, 그래픽, 애니메이션 등의 멀티미디어 요소를 통합하고, 학습자들에게 상호작용을 허용하는 CBT 시스템들이 개발되었다. 1990년대부터는 인터넷의 보급과 웹 기술의 발전으로 웹 기반 CBT가 등장했고, 이러한 웹 기반 CBT 시스템은 학습자들이 인터넷을 통해 언제 어디서나 접근할 수 있게 해주었다. 이 시기에는 학습 관리 시스템[Learning Management System, LMS]도 등장하여 CBT 콘텐츠의 관리와 추적, 평가 등을 보다 효과적으로 수행할 수 있게 되었다. 2010년대 이후로는 개인화와 협업 기능이 강조되는 CBT 시스템들이 등장했다. 학습자들의 개인적인 학습 스타일과 요구를 고려한 맞춤형 콘텐츠 제공과 학습자들 간의 협업을 통한 집단적 학습 기회를 제공하는 시스템들이 발전하였다.

또한 가상현실[Virtual Reality, VR]이나 증강현실[Augmented Reality, AR]과 같은 기술을 활용한 혁신적인 CBT도 등장했다.

CBT는 교육 분야에서 유연하고 효과적인 학습 경험을 제공하기 위해 지속해서 발전하고 있다. 최근 등장한 ChatGPT는 CBT의 가능성을 더욱 넓혀 주고 있으며, 학습에서의 상호작용을 증진하는 역할을 기대할 수 있다.

컴퓨터가 교육적으로 활용된 역사를 살펴보면, ChatGPT를 크게 3가지로 구분해 볼 수 있다.

- 교수자(Tutor)로서의 ChatGPT
- 과제수행자(Tutee)로서의 ChatGPT
- 보조도구(Tool)로서의 ChatGPT

교수자(Tutor) 자체로서의 ChatGPT 먼저 교수자로서의 ChatGPT는 직접 가르치는 기능을 수행하는 경우를 말한다. 이는 GPT가 학습자를 직접 가르치기 위해 활용되는 구체적인 형태이다. 학습자가 질문을 하고 그에 대한 답변 내용을 확인할 수 있는 개별지도형^{Tutorial} 학습을 예로 들 수 있다.

【Fact】개별 지도형 학습에서의 활용 (블랙컨슈머 대응 교육)

Q3) 고객이 직원을 성희롱하는 사례에는 뭐가 있을까?

A) 고객이 직원을 성희롱하는 상황은 잘못된 행동이며 적절하지 않습니다. 아래는 고객이 직원을 성희롱한 예시입니다.

- **성적인 발언** 고객이 성적으로 부적절한 발언이나 농담하며 직원을 괴롭히는 경우. 예를 들어, "(내용 생략)"와 같은 발언이 이에 해당합니다.
- **성적인 접근** 고객이 직원의 개인 공간에 침범하거나 몸에 대한 성적인 접근을 시도하는 경우. 예를 들어, "(내용 생략)"하는 것 등이 해당합니다.

(중략)

이러한 행동들은 고객의 행동규범을 넘어서며 직원의 존엄성과 안전을 침해하는 행동입니다. 이런 상황에서는 조용히 지나치거나 무시하지 말고, 회사의 관리자나 상급자에게 상황을 보고하여 적절한 대응을 요청하는 것이 중요합니다.

【Think】ChatGPT가 언급한 마지막 내용은 실제 교육에서도 성희롱하는 블랙컨슈머에 대해 직원이 취해야 할 행동으로 다루고 있어, 일반적인 상식과 통념을 포함하는 교육 수준에서의 가이드도 가능함을 알 수 있었다.

과제수행자(Tutee)로서의 ChatGPT 과제수행자로서의 ChatGPT는 학습자가 어떠한 문제를 해결하기 위해 ChatGPT를 사용하는 것을 의미한다. 이때 학습자는 문제 해결 과정에 대한 기본적인 이해가 있어야 하며, ChatGPT와의 상호작용 활동을 통해 개념, 원리, 절차 등의 이해를 더 강화 시킬 수 있다. 아래는 블랙컨슈머 사례이며, ChatGPT와도 해당 내용에 관한 토론이 가능한지 알아보았다.

【Fact】문제 해결 과정에 대한 사례 연구 시 활용 (블랙컨슈머 대응 교육)

Q4) 너는 5성급 유명 호텔의 20년 차 되는 베테랑 컨시어지고, 나는 평소 직원들이 응대하기 까다롭다고 생각하는 블랙컨슈머 고객이야. 내가 프런트에서 근무하는 직원과 있었던 일을 가상으로 적어 볼게. 한번 읽어 보고 어떤 상황으로 이해 되었는지 말해줘. (이하 VOC상황 제시)

A) 고객님은 체크인 후 층간 소음으로 인한 불만으로 룸 체인지를 요청하였고, 이후 체크아웃 시 해당 직원에게 층간 소음 문제를 언급하면서 불평하셨습니다. 이어서 다시 방문하게 되었을 때, 지난번에 방 배정 시 신경 써주겠다는 이야기를 한 직원에게 룸 업그레이드를 요구하였으나 거절당하고 화를 내셨습니다. 해당 직원의 사과에도 기분이 풀리지 않았으며, 지속해서 항의하면서 정신적 스트레스를 유발하셨습니다. 이 과정에서 선임 직원이 응대하려 했으나 해당 직원과 계속 대화하시겠다고 거절하셨습니다.

Q5) 누가 잘못했다고 생각하니?
A) 상황을 보면, 고객님은 층간 소음으로 인해 불편을 느꼈으며 이를 호텔 직원에게 제기한 것은 이해할 수 있습니다. 그러나 룸 체인지와 룸 업그레이드 요구에 대해서는 호텔 측에서 바로 수용하기 어려운 부분이기도 합니다.

또한, 고객님이 계속해서 해당 직원에게 항의하면서 정신적 스트레스를 유발한 것은 조금 과도한 부분이라고 생각됩니다. 그러나, 호텔 직원들은 고객님의 불만 사항에 대해서 더욱 적극적으로 대응하고 신속한 해결책을 제공할 수 있으리라 생각됩니다. 또한, 고객님의 항의에 대한 직원들의 응대 방식이 좀 더 고객 중심적이어야 한다는 점도 고려해야 합니다.

【Think】ChatGPT는 제시한 VOC 상황을 읽고 쟁점을 잘 파악했다. 특히 직원의 언급으로 인해 자칫 고객이 정당한 요구를 한 것이라고 해석할 수 있음에도 불구하고, 문제가 될 수 있는 블랙컨슈머 행태에 대한 정확한 핵심을 언급했다.

보조도구(Tool)로서의 GPT 보조도구로서의 ChatGPT는 교수 학습의 보조 도구 역할을 하는 것을 의미한다. 예를 들어 문서 편집이라든가 교보재 개발, 시나리오 작성, 매뉴얼 목차 생성 및 내용 기술 등이 포함된다. 아래 내용은 블랙컨슈머 대응과 관련해서 ChatGPT가 직원임을 가정하여 어떤 행동과 말을 고객에게 해야 할지 작성한 내용이다.

【Fact】매뉴얼 내용 기술을 위한 활용 (블랙컨슈머 대응 가이드)

Q6) 너는 유명 5성급 호텔의 20년 차 되는 베테랑 프런트 직원이야. 너는 매니저로서 후배 교육도 함께 담당하고 있어. 나는 이 호텔의 VIP이자 직원들이 평소 까다롭다고 생각하는 블랙컨슈머라고 가정을 해볼께. 내가 이 호텔에 체크인하려고 하는데 나를 응대하는 직원이 이번에 입사한 신입 직원으로서 나한

테 클럽라운지 이용 시간을 잘못 안내해줬어. 나는 몹시 화가 났고, 이 신입 직원은 죄송하다는 말도 안 하고 있어서 더욱 화가 났어. 네가 이 상황을 모두 지켜봤는데 넌 이때 나한테 어떤 말을 할지 역할 연기를 위한 시나리오 작성해줘.

A) (사과 및 원인 분석) 먼저, 신입 직원이 잘못된 정보를 제공했고, 죄송하다는 말 등 사과가 없었던 점은 매우 안타깝습니다. 이 호텔은 고객에게 최상의 서비스를 제공하기 위해 최선을 다하고 있지만, 때로는 실수가 있을 수도 있습니다. (대안 제시 1) 저는 고객님의 불편을 최소화하기 위해 노력할 것이며, 이번 일로 인해 고객님의 체크인 과정에 불편이 생겼다면, 호텔에서 보상을 제공하도록 하겠습니다. 또한, (대안 제시 2) 신입 직원에게는 이번 일로 배운 점이 있을 것이며, 앞으로는 이와 같은 상황이 발생하지 않도록 교육하겠습니다. 마지막으로, (마무리 인사) 고객님께서 불쾌감을 느끼셨을 것이라는 점 다시 한번 사과의 말씀을 전하며, 호텔에서는 고객님의 요구에 항상 최선을 다할 것을 약속 드립니다. (중략)

Q7) 제가 이미 기분이 상했는데 어떻게 보상하실 건데요?

A) 먼저, (사과 및 원인 분석) 고객님께서는 클럽 라운지를 이용하는 데 있어서 발생한 불편함에 대해 사과의 말씀을 다시 한번 전합니다. 또한, 고객님의 불만을 해결해 드리기 위해 더 나은 서비스를 제공할 수 있도록 노력하겠습니다. 고객님께서 원하신다면, (대안 제시) 다음 번 방문 시에는 업그레이드된 객실이나 무료 조식 혜택, 혹은 기타 특별한 혜택을 제공할 수 있도록 하겠습니다. 또는, 현재 상황을 고려해 드리면서 적절한 보상을 제공할 수 있도록 도와드리겠습니다. (중략)

Q8) 그런 보상은 필요없구요, 그 신입직원이 저한테 와서 무릎을 꿇고 사과하는 걸 원해요.

A) 저희 호텔은 (경청 및 공감) 고객님의 의견을 존중하며, 직원들도 모든 고객에 대해 적극적으로 서비스를 제공할 수 있도록 노력하고 있습니다. 그러나, (규정 안내) 직원들의 몸 상태에 대한 제한 사항과 작업 환경에서의 안전성을 고려하여, 무릎을 꿇고 사과하는 행위는 저희 호텔에서는 권장하지 않습니다. 현재 상황에서는 신입 직원이 직접 사과할 수 없어서, (대안 제시) 저희 호텔의 다른 직원이나 제가 대신 사과 드리도록 하겠습니다. 또한 이번 일로 불편을 드려 죄송하다는 말씀을 다시 한번 드리며, (마무리 인사) 앞으로 이런 일이 발생하지 않도록 더욱 신중하게 직원 교육에 관심을 기울이도록 하겠습니다. (중략)

Q9) 잘못한 사람은 저 신입 직원인데 왜 매니저님이나 다른 사람이 대신 사과를 하시는 거죠?

A) (경청 및 공감) 그 말씀이 맞습니다. 실수를 저지른 직원이 직접 사과하는 것이 가장 바람직하지만, (규정 안내) 현재 그러한 상황이 어려울 경우에는 다른 직원이나 저 같은 상급자가 대신 사과하는 것이 일반적입니다. (대안 제시) 이번 상황에서도 저희 호텔의 책임을 느끼고, 신입 직원의 실수를 대신 사과하겠습니다. (중략)

【Think】ChatGPT는 불만 고객을 응대하는 과정에서 적절한 서비스 응대 화법을 제시하고 있다. (사과 및 원인분석, 대안 제시, 경청 및 공감, 규정 안내, 마무리 인사 등). 심지어 감정 노동을 유발하는 압박 상황("그런 보상은 필요없구요, 그 신입직원이 저한테 와서 무릎을 꿇고 사과하는걸 원해요.")에서도

규정에 대한 안내와 사과 표현을 적절하게 사용했다.

위의 여러 사례들을 통해 ChatGPT가 현장의 밀접한 사례들을 세밀하게 이해하여 그에 대한 적절한 가이드를 제시해 줄 수 있으며, 이를 통해 학습 지원 역할을 효과적으로 해낼 수 있는 학습 촉진 도구임을 확인할 수 있었다. 더 정교화되고 많은 데이터가 쌓이게 된다면 향후 학습자가 스스로 자기 생각을 정리하고 조직하여 상황을 세우고 내용을 검증하는 가운데 통찰력과 사고력 그리고 문제 해결력을 기르는데 도움을 주는 역할도 할 수 있을 것이다.

눈과 귀만 열어놓으면 온갖 흥미를 가져다 주는 영상물이 넘쳐나는 지금 시대에 ChatGPT는 온오프라인 교육에서 한층 더 다채로운 상호 교감과 몰입의 세계로 안내해줄 것이다. 도구가 인간의 삶을 풍요롭게 했듯, ChatGPT활용 사례를 통해 HRD 분야에서도 새로운 바람이 불길 기대해 본다.

박은혜　삼성CS아카데미 컨텐츠R&D 팀장으로 다양한 교육 개발 컨설팅을 수행했다. 연세대학교 교육대학원에서 교육공학을 전공하였고 현재 국내 호텔앤드리조트 기업 HR실에 소속하여 매일 즐거운 성장을 하고 있다.

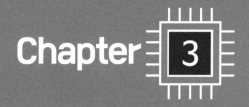

Chapter 3

ChatGPT를 활용한 소통과 성과 혁신

01

조직 내 커뮤니케이션 및 협업 촉진: ChatGPT 활용

| 정미령 |

ChatGPT 활용의 필요성

조직의 효과적인 커뮤니케이션은 시대와 상황에 관계없이 중요한 요소이다. 또한, 조직을 구성하는 멤버들이 다양한 세대로 구성되어 있으면 커뮤니케이션의 필요성은 더욱 증가한다. 조직 커뮤니케이션 문제를 해결하는 데에는 다양한 접근법이 있다. 예를 들어, 과거에는 개인의 커뮤니케이션 능력과 자질의 향상에 중점을 두었으나, 최근에는 기술의 발전을 따라 새로운 도구나 기술을 활용하는 것이 주목받고 있다.

이러한 접근법 중 AI 언어 모델인 ChatGPT를 활용한 커뮤니케이션의 개선은 한 예가 될 수 있다. 이 도구는 개개인의 노력과 태도 변화에 의존하는 전통적인 방법보다 효과적인 해결책을 제공한다. ChatGPT는 실시간 피드백을 제공

하고, 맥락에 따른 정확한 정보를 제공하며, 조직의 다양한 멤버들이 효과적으로 소통하도록 돕는 역할을 수행할 수 있다. 따라서, 이러한 도구를 활용하여 조직 내의 커뮤니케이션을 개선하는 방안을 적극적으로 탐구하고 적용하는 것이 매우 가치 있다.

하지만, 도구와 기술만으로는 충분하지 않습니다. 조직 내에서의 효과적인 커뮤니케이션을 위해서는 구성원들 간에 깊은 상호 작용과 대화가 필수적이다. 이를 실현하기 위해, 주기적인 회의를 통해 의사소통의 기회를 확대하고, 비공식적인 만남의 자리를 통해 구성원들 간의 친밀감을 향상하는 것은 여전히 중요하다. 또한, 개인의 의견과 생각을 수렴하고 존중함으로써 개인이 자신의 의견을 자유롭게 표현하도록 권장해야 한다. 이렇게 하면 조직 내의 분위기가 개선되고, 조직 멤버들 간의 원활한 커뮤니케이션과 협업이 촉진될 것이다.

조직 내에서의 다양성과 상호 존중이라는 가치는 더욱 강조되어야 한다. 이를 위해, 조직 구성원들은 서로 다른 세대 간의 차이를 인정하고, 존중하는 태도를 보여야 한다. 이는 각 세대의 특성과 선호하는 커뮤니케이션 스타일을 이해하고, 이를 반영하여 조직 전체의 커뮤니케이션 방식을 다양화하는 것을 포함한다. 이를 통해, 조직 내부의 다양한 의견과 아이디어를 수용하고, 이를 토대로 조직의 성장을 이룰 수 있다.

따라서, 조직 내의 커뮤니케이션을 개선하는 데에는 다양한 방법이 있으며, 이러한 방법을 적극적으로 활용하여 조직 내의 커뮤니케이션을 보다 개선할 수 있다. 이를 위해서는 ChatGPT와 같은 기술 도구를 사용하는 것뿐만 아니라, 구성원들 간의 상호 작용과 대화를 적극적으로 이끌어내는 것이 중요하다. 이러한 노력을 통해 조직 내의 커뮤니케이션을 보다 발전시키고, 조직 멤버들 간의 협력과 연대를 높일 수 있을 것이다.

더불어, 기술적 방안을 적용하는 것도 중요하다. ChatGPT와 같은 인공지능 기반 도구를 활용하면, 조직의 커뮤니케이션 방식을 개선하고 다양화하는 데 큰 도움이 될 수 있다. 이런 기술은 조직원들이 자신의 의견을 표현하고, 다른 사람들의 의견을 이해하는 데 도움을 줄 수 있다. ChatGP를 활용하여 각 개인이 효과적으로 소통하고 협업하는 능력을 향상할수 있을 것이다. 이러한 기술을 잘 활용하면, 조직 내부의 소통과 협업은 물론 조직의 성과 향상에도 큰 도움이 된다.

커뮤니케이션 및 협업 촉진을 위한 ChatGPT 질문

조직 내에서의 효과적인 커뮤니케이션은 조직원 각자의 노력과 태도 변화, 그리고 기술과 인적 자원의 적절한 활용이 필요하다. 조직 구성원들은 서로 존중하고, 소통하며, 협력하여 조직의 성장과 발전에 기여할 수 있다. 따라서, 조직 내부에서 이러한 가치와 방식을 지속적으로 강화하면서, 조직 전반적인 효율성과 성과를 높이는 길을 모색해 보는 것이 좋다.

【Fact】 다음은 ChatGPT를 활용하여 조직 내 커뮤니케이션 및 협업 촉진을 위한 방법에 대해 함께 고민해본 내용이다.

Q) 아래의 회사에 분석하고, 이를 기본으로 하여 ChatGPT를 활용한 조직 내 커뮤니케이션 및 협업 촉진을 위한 방법에 관해 설명해줘.

E사는 전력 관리 기술을 제공하는 글로벌 기업으로, 에너지 효율적인 솔루션을 통해 고객이 전기, 유압, 및 기계적 에너지를 안전하고 효율적으로 관리하도록 돕는다. E사의 제품 및 서비스는 매일 전 세계 사람들이 기술, 교통, 에너지, 인프라에 의존하는 데 필수적이며, 전력화의 급격한 발전, 기후 변화에 따른 에너지 전환, 그리고 연결성의 성장 등 복잡한 전력 문제를 해결하는 데 중요한 역할을 한다.

A) ChatGPT를 활용한 조직 내 커뮤니케이션 및 협업 촉진 방법은 다양한 방식으로 구체화할 수 있습니다. 그 중에서도 다음과 같은 방식들이 효과적일 것입니다.

- **자주 하는 질문의 자동화** ChatGPT는 회사의 FAQ를 학습하고, 직원들이 자주 하는 질문에 자동으로 답변하도록 설정할 수 있습니다. 이제, 이러한 기능을 이용하면 기본적인 문의 처리를 더욱 효율적으로 할 수 있습니다. 즉, ChatGPT를 이용하면 조직 내에서 긴밀한 업무 협력을 통해 비즈니스 프로세스를 개선할 수 있습니다. 또한, ChatGPT를 이용하면 직원들이 업무에 더욱 집중할 수 있도록 일련의 업무 처리를 자동화할 수 있습니다. 이를 통해, 조직의 업무 처리 능력을 향상하고, 직원들의 생산성을 높일 수 있습니다.
- **팀 커뮤니케이션 강화** ChatGPT는 팀 간 또는 조직 내 커뮤니케이션을 향상하는데 사용될 수 있습니다. 예를 들어, 일정 조정, 회의 준비, 문서 리뷰 등의 작업을 자동화하여 협업을 촉진하고 생산성을 높일 수 있

습니다. 이러한 방식으로, ChatGPT는 조직의 업무 처리 능력을 높이고, 직원들이 팀원들과 더욱 적극적으로 협력할 수 있도록 돕습니다.

● **훈련 및 교육 도구** ChatGPT는 훈련과 교육에서 중요한 도구로 활용될 수 있습니다. 예를 들어, 새로운 시스템이나 기술을 배우는 데 도움이 필요한 직원들에게 ChatGPT를 사용하여 지원을 제공할 수 있습니다. 또한, ChatGPT를 이용하여 교육 자료를 제작하거나 교육 프로그램을 운영할 수도 있습니다. 이를 통해, 조직 내에서 직원들의 역량 강화를 돕고, 전문성을 높일 수 있습니다. 또한, ChatGPT를 통해 직원들은 자신의 역할과 관련된 최신 정보를 쉽게 확인할 수 있습니다.

● **기술 동향 및 통찰력 제공** ChatGPT는 기업의 특정 분야에 관한 최신 연구 및 기술 동향을 추적하고, 이에 대한 요약을 제공하여 직원들이 최신 정보를 쉽게 이해하고 활용하도록 돕는 데 활용될 수 있습니다. 이는 조직의 역량 향상과 더불어 새로운 아이디어와 혁신을 촉진할 수 있습니다. 또한, ChatGPT를 이용하여 내부 및 외부 동향을 분석하여 조직의 전략 수립에 활용할 수도 있습니다.

● **상호 작용적인 회의 도구** ChatGPT를 회의 도구로 활용하여 회의의 효율성을 높일 수 있습니다. 예를 들어, 실시간으로 논의 내용을 정리하거나, 다음 단계에 대한 제안을 생성하거나, 더 깊은 토론을 위한 주제를 제시하는 등의 역할을 수행할 수 있습니다. 이러한 방식으로 ChatGPT를 활용하면, 회의 참여자들이 더욱 적극적으로 참여하고, 더 나은 결과를 도출할 수 있습니다. 또한, ChatGPT를 통해 회의에서 발생하는 논쟁 및 갈등을 해결하기 위한 다양한 방법을 모색할 수도 있습니다.

【Think】 이러한 방법들은 조직의 전반적인 커뮤니케이션과 협업을 강화하며, 이들과 같이 복잡한 전력 관리 문제를 다루는 기업에서는 더욱 효과적일 수 있다. 이러한 도구를 통해 조직 내에서의 정보 공유, 의사결정 과정, 그리고 문제 해결 능력을 향상하는 것이 가능하다.

예를 들어, ChatGPT는 다양한 기능을 제공하여 조직 내에서 업무 처리 및 의사소통의 효율성을 극대화할 수 있다. 이 도구를 사용하면, 팀원들 간의 실시간 채팅을 통해 업무 진행 상황을 공유하고, 업무 분담 계획을 수립할 수 있다. 또한, ChatGPT의 자연어 처리 기능을 활용하면, 업무 관련 정보를 빠르게 검색하고 필요한 정보를 쉽게 얻을 수 있다.

더불어, ChatGPT의 AI 기술을 활용하면, 조직 내에서 발생하는 다양한 문하지만 제들을 더욱 효과적으로 해결할 수 있다. ChatGPT를 사용하여 고객 서비스 업무를 처리할 때, 자동 응답 기능을 활용하여 고객의 문의 사항에 빠른 대응을 할 수 있다. 또한, ChatGPT의 분석 기능을 활용하면, 조직 내에서 발생하는 문제들을 빠르게 파악하고, 이를 해결하기 위한 적절한 대응 방안을 제시할 수 있다.

따라서, ChatGPT를 적극적으로 활용함으로써, 조직 내의 업무 처리와 의사소통의 효율성을 높일 수 있을 뿐 아니라, 조직의 경쟁력을 강화할 수 있다는 것을 염두에 두어야 한다.

ChatGPT의 활용과 효과적인 커뮤니케이션

ChatGPT를 활용하면 다양한 이점들이 제공된다. 이를 통해 의사소통 효율성을 증대시킬 수 있으며, 불필요한 논쟁이나 연기된 확인 작업을 단축하거나 생략함으로써 신속한 대응이 가능해진다. 또한, ChatGPT의 피드백 기능을 통해 30초 이내에 정보 탐색과 공유를 가능하게 해 더욱 빠른 커뮤니케이션을 제공한다.

ChatGPT를 활용하는 것은 회의에서 참석자들과의 합의를 명확히 하고, 이를 빠르게 공유하는 데 매우 유용하다. 원격 회의에서 이런 방식은 오해와 언쟁을 줄이며, 회의 내용의 이해를 깊게 하고 체계적으로 정리하는 데 도움을 준다. 이를 통해 참석자들은 효율적으로 협업하는 방법을 배울 수 있다.

ChatGPT를 활용하면 장소와 시간 제약을 없애며 화상 회의를 통한 협의, 확인, 공유 등이 가능하기 때문에 대기 및 이동 시간을 줄일 수 있다. 또한, ChatGPT를 통해 검색하고 확인한 내용은 주제별로 저장이 가능하므로, 이후 필요할 때 언제든지 찾아볼 수 있다.

위와 같은 장점들은 시간과 장소의 제약이 더 이상 문제가 되지 않음을 보여주며, 온라인 업무 소통 방식의 효율성은 더욱 향상된다. 의사소통 중에 확인이 필요한 경우, ChatGPT의 검색 및 Q&A 기능을 통해 정확하고 체계적인 정보를 공유하며 소통할 수 있다.

ChatGPT를 활용하면 효율적이고 효과적인 조직내 커뮤니케이션을 달성할 수 있다. 이는 팀원들 간의 협력을 향상해 생산성을 높이는 데 큰 도움을 준다. 이를 위해서는 ChatGPT를 어떻게 활용할 수 있는지에 대한 구체적인 방법을 제안해야 한다.

먼저, ChatGPT를 이용하여 회의록을 작성하면 이점이 많다. 회의에서 모든 의견과 결론을 기록할 수 있으며, 이를 통해 참석자들이 나중에 다시 회의 내용을 검토하고 빠진 내용을 확인할 수 있다. 이를 통해 의사결정 과정의 투명성을 보장할 수 있다. ChatGPT는 팀원 간의 소통을 돕는 도구로 사용될 수 있다. 팀원들이 채팅방을 만들어 서로 질문하고 답변을 주고받는 과정에서 서로의 의견을 쉽게 공유하고 피드백을 받을 수 있다.

마지막으로, ChatGPT를 이용하여 프로젝트 관리를 할 수 있다. 일정, 업무, 진행 상황 등을 모니터링하고 관리하며, 문제가 발생했을 때 즉각적인 대응이 가능하다. 이러한 방법들을 실제로 적용하면, 조직 내 소통이 더욱 효과적으로 될 것으로 기대된다. 따라서, ChatGPT는 다양한 분야에서 활용되고 있으며, 더욱 발전될 것으로 예상된다.

ChatGPT와의 효과적인 질문-답변 상호작용

ChatGPT는 다양한 기능을 제공하지만, 그중에서도 가장 전형적이면서 중요한 기능은 질문과 답변 기능이다. 이를 통해 사용자들은 필요한 정보나 내용을 주고받을 수 있다. 질문하는 방법은 가능한 구체적이고 명확하게 작성하는 것이 좋다. 예를 들어, "어떻게 A를 수행할 수 있나요?"와 같이 구체적인 질문을 작성하는 것이 좋다. 또한, 다른 챕터에서 질문을 작성하는 팁을 얻어볼 수 있다. ChatGPT의 질문과 답변 기능은 이러한 사용자의 요구를 충족시키기 위해 다양한 기술과 알고리즘을 사용하고 있으며, 사용자들은 더 쉽게 원하는 정보를 얻을 수 있다.

ChatGPT는 입력된 질문을 이해하고, 해당 질문에 대한 답변을 생성한다. ChatGPT는 이전에 학습한 대규모 데이터 세트를 기반으로 작동하며, 일반적으로 널리 알려진 사실, 지식, 팁 등을 답변으로 제공한다. 이러한 ChatGPT의 장점을 활용하여, 사용자는 더 많은 정보를 얻을 수 있도록 다음과 같은 방법을 시도해 볼 수 있다.

첫째, 추가적인 질문을 하기 ChatGPT의 답변이 충분하지 않거나 추가 정보가 필요한 경우, ChatGPT에 해당 내용을 요청할 수 있다. "좀 더 자세히 설명해 주세요." 또는 "더 많은 예시를 들어주세요."와 같은 문구를 사용하여 추가적인 질문을 할 수 있으며, 그에 맞는 답변을 확인할 수 있다.

둘째, 관련된 주제를 찾아보기 사용자가 원하는 정보에 대해 ChatGPT가 답변을 제공하지 않는 경우, 관련된 주제에 대해 검색해 볼 수 있다. 인터넷 검색 엔진을 활용하여, 비슷한 주제에 대한 정보를 찾아볼 수 있다.

셋째, 다른 주제로 이야기하기 필요에 따라 다른 주제로 전환할 수도 있다.

ChatGPT에 "다른 주제에 관한 이야기해 볼까요?" 또는 "다른 질문이 있습니다."와 같은 요청을 하면 ChatGPT는 다른 주제에 대한 정보를 제공할 수 있다. 이를 통해 사용자는 더 다양한 지식을 습득할 수 있다.

그러나, ChatGPT를 통해 질문과 답변을 하는 과정에서 정확성을 보장할 수는 없으며, 항상 답변을 신중하게 검토해야 한다. ChatGPT는 일반적인 지식과 참고 정보를 제공할 수 있지만, 신뢰할 수 있는 출처에서 확인된 정보와 전문가의 의견을 활용하는 것 역시 중요하다. 이러한 방법을 시도하면, ChatGPT를 통해 더 다양한 지식과 정보를 습득할 수 있다.

ChatGPT와 효과적인 일정 관리

ChatGPT를 이용하면 효과적인 일정 관리를 할 수 있다. ChatGPT를 통해서 미팅 일정에 대한 이메일을 작성하고 팀원들에게 전송할 수 있다. ChatGPT에 미팅 일정을 알리면, 어떤 내용을 포함해야 하는지에 대한 제안을 받을 수 있다. 이를 통해 일정 관리를 보다 효율적으로 할 수 있다.

ChatGPT는 업무 할당 및 일정 관리에 대한 가이드를 제공한다. "프로젝트 A의 기획 작업을 담당자에게 할당하고, 일정을 관리해주세요."라고 요청하면, ChatGPT는 업무 할당과 일정 설정을 도와준다. 또한, 작업의 목표와 범위를 정의하여 담당자가 작업을 수행하는 데 필요한 지침과 자원을 제공하며, 작업의 우선순위와 기간을 고려하여 작업을 할당한다.

또한, ChatGPT는 프로젝트 A의 기획 작업을 담당할 적절한 담당자를 선택하는 데도 도움을 준다. 이를 위해서는 프로젝트의 요구사항, 기획 능력, 일정, 리소스의 가용성 등을 고려하여 결정하면 된다.

프로젝트 A의 기획 작업을 할당한 후, 작업의 범위와 목표를 명확히 이해하도록 해야 한다. 필요한 자원과 지침을 제공하여 담당자가 작업을 수행하는 데 필요한 지원을 제공하고, 작업의 우선순위와 기간을 고려하여 작업을 할당한다. 필요한 경우 작업을 세분화하거나 단계별로 할당할 수도 있다.

프로젝트가 진행되는 동안 일정을 조정해야 할 수도 있다. 예상치 못한 문제나 우선순위의 변경, 리소스의 변동 등으로 인해 일정이 수정될 수 있다. 이런 경우에는 프로젝트 관리 도구를 사용하여 일정을 조정하고, 관련 이해 관계자에게 변경 사항을 알려야 한다.

프로젝트 A의 기획 작업 담당자와의 지속적인 의사소통과 협업이 중요하다. 주기적인 회의, 업데이트 공유, 작업 진행 상황 보고 등을 통해 담당자와 원활하게 소통을 유지하고, 작업의 진행 상황을 지속해서 모니터링하는 것이 중요하다. 이렇게 해야 프로젝트의 전반적인 진행 상황을 파악하고, 필요한 경우 적시에 조정이나 수정을 진행할 수 있다.

ChatGPT를 이용하는 것으로 이메일 작성, 업무 할당, 일정 관리, 담당자 선정, 작업 할당, 일정 조정, 의사소통 및 협업 등 다양한 방법으로 일정 관리를 할 수 있다. 이러한 방법들을 통해 프로젝트를 보다 효율적으로 관리하고,

원활하게 진행할 수 있다. 이러한 방법들을 적극적으로 활용하여 프로젝트를 성공적으로 수행할 수 있게 된다.

ChatGPT를 활용한 소통방식을 바탕으로 팀원과의 협업을 끌어낼 방법을 고민해보자. ChatGPT는 업무 공유, 의견 조율, 업무 협업 도구 사용 방법 등을 물어보고 지침을 받을 수 있는 매우 유용한 도구이다. 이러한 도구를 활용하여, 효과적인 협업을 위한 방법을 고민해볼 수 있다.

ChatGPT와 효과적인 협업

효과적인 협업을 위해서는 몇 가지 중요한 사항이 있다. 먼저, 팀원들이 공동의 목표를 공유하고 이해하는 것이 중요하다. 따라서 명확한 목표 설정과 이를 이해하고 수용하는 것이 효과적인 협업의 핵심이다. 또한, 각 팀원에게 명확한 역할과 책임을 할당해야 한다. 이를 통해 업무가 중복되지 않고, 효율적인 협업이 가능해진다.

협업을 위해 의사소통 강화하기 위해서는 구성원 간의 투명하고 개방적인 의사소통을 유지해야 한다. 이를 위해 정기적인 회의, 업무 업데이트, 문제 해결을 위한 토론 등을 통해 팀원들 간의 의견을 공유하고, 정보를 효과적으로 전달하고자 노력해야 한다. 또한, 협업을 위한 도구 활용도 적극적이어야 할 것이다. 공동 작업, 파일 공유, 토론 등의 협업 도구를 적극적으로 활용해야 한다. 이를 통해 팀원들은 실시간으로 협업을 도모할 수 있고, 중요한 문서와 정보를 효율적으로 공유할 수 있다.

또한, 업무 프로세스를 검토하고 개선하는 것은 효과적인 협업을 위해 중요하다. 비효율적인 절차나 병목 현상을 개선하고, 자동화 도구를 도입하여 업무 효율성을 향상할 방법을 끊임없이 고민해야 한다. 또한, 발생했을 때 팀원들과 함께 협력하여 해결 방안을 모색해야 한다.

의사 결정에는 팀원들의 의견을 수렴하고, 합의된 방향으로 결정을 내리고, 팀원들 간의 지속적인 피드백을 주고받는 문화를 구축해야 한다. 이러한 업무 진행 상황이나 내용에 대한 피드백을 통해 성과를 인정하고 개선점을 도출하여 효과적인 협업문화를 만들어가고자 노력해야 한다.

ChatGPT가 제공해주는 프로젝트 관리를 위한 지침과 정보는 상당히 타당성이 있고, 또 참고할 만하다. 그러나 주어진 정보들에 대해 실제 실행의 경우는 차이가 발생할 수 있고, 또 다른 의문점이나 문제점이 제기될 수 있다. 따라서 ChatGPT를 보조적인 도구로 활용하고, 실제 프로젝트의 진행에 대해서는 전문적인 관리가 필요하다. 최종적으로, 이러한 방법들을 통해 팀원들 간의 협력과 상호작용이 강화되고 팀워크를 형성할 수 있다. 이를 바탕으로 서로를 이해하고 존중하며, 상호 지원과 피드백을 제공하여 팀의 유대감과 협업문화를 형성하게 되는 것이다.

지금까지 ChatGPT를 활용하여 커뮤니케이션할 때의 장점과 이를 활용한 소통방식, 그리고 활용 방법에 대해 살펴보았다. 이번 내용을 준비하며,

ChatGPT를 활용하여 어디까지 가능한지 확인해가며 작성하였다. ChatGPT 를 활용할 때는 어떤 주제에 대해 어떻게 접근해야 할지, 어떤 방법이 도움이 될지에 대한 ChatGPT의 제안이 매우 유용하다. 이러한 제안을 실제 업무에서 적용하면, 업무 효율성을 높일 수 있다.

ChatGPT를 조직 내 회의 시간이나 소통에 활용할 수도 있다. 화면에 ChatGPT 창을 띄워놓고 실시간으로 공유하면, 모든 참여자가 동시에 참여할 수 있으며, 의사결정이 더욱 빠르고 효율적으로 이루어질 수 있다.

ChatGPT를 활용할 때는 정확성과 완전성에 한계가 있을 수 있으므로, 이러한 한계를 인지하고 보조적으로 활용하는 것이 좋다. 그리고, 이러한 한계를 극복하기 위해서는 ChatGPT를 활용하면서 자신의 노하우와 경험을 충분히 활용하여, 더욱 정확하고 완성도 높은 결과물을 도출할 수 있을 것이다.

정미령 숙명여대 정치행정학부 졸업하고 Albany Korea를 거쳐 2009년부터 현재까지 Eaton Electrical Korea에서 HR Business Partner로 업무중이다.

02

직원경력개발: ChatGPT 활용

| 이수연 |

직원 경력개발"을 ChatGPT로 이야기하려는 이유

린다 그래튼의 《일의 미래(2012)》에서는 전통적인 경력 곡선이 은퇴 전까지 서서히 상승하다가 은퇴 후 가파르게 주저앉는 형태였다면 미래에는 여러 개의 종을 늘어놓은 것 같은 편종$^{Carillon Curve}$형 형태가 되리라 예측한다. 이것이 가능할까? 놀랄 일은 아니다. 이미 우리는 빠른 시대 변화 속에서 여러 종의 생애 주기가 겹친 것처럼 살고 있다. 평생 1개의 경력 곡선이 4개 이상의 Career Growth를 거쳐야 하고, 그것도 일의 결산 시기 같은 40~50대에 새로운 경력의 산을 만들어가야 하니, 우리는 '평생 경력개발 시대'를 사는 것이다.

또한, 《트렌드코리아 2023(김난도 외)》 '더 높은 도약을 준비하는 검은 토끼의 해'에서는 개인의 성장이 중요하다는 개인주의적 가치관이 대세가 되었으며, 회사의 성장보다 더욱 중요하다는 명제를 내세웠다. 이러한 폭발적인 변화를 'Arrival of a New Office Culture: "Office Big Bang"'이라고 명명했다. 결국, 회사에 뼈를 묻지 않는다면 경력개발은 더욱 중요해질 수밖에 없다.

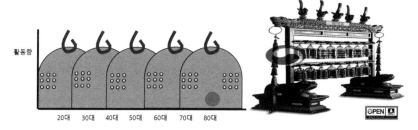

편종형 경력곡선(Carillon Career Curve)   [참고사진] 편종(출처: 국립국악원)

● 린다 그래튼이 말하는 편종형 경력 곡선Carillon Career Curve의 예시

　　20~30대 초: 대기업에 입사하여 전문능력 쌓음

　　30대 중반: 여행과 자원봉사

　　30대 후반: 프로젝트 참여, 프리랜서 활동

　　40대 초반: 학습 시기를 거쳐 두 번째 전문영역으로 변형

　　40~50대: 전문가로 활동

　　50대 중반: 사회 체험, 여행, 자원봉사

　　50대 후반~60대: 기존 전문능력으로 소기업가로 변신

　　70~80대까지: 계속해서 공헌

요즘 점심시간에 다양한 동료들과 함께 이야기할 수 있는 주제 중 하나가 '경력과 성장'이다. 대기업에서 일하는 대학원 동기들도, 심지어 초중고 자녀를 키우는 부모 모임에서도 이 주제로 이야기가 이어졌다. 모임의 끝에서는 자연스럽게 "나는 뭐 하고 살면 좋을까?"와 "그래서 요즘 이것을 배우고 있다." 같은 이야기가 주를 이루었다.

필자는 직장에서 인사관리를 담당하고 있는데, 'Career'이라는 단어가 나오면 동료들이 이야기를 거들며 자신들의 이야기를 나누곤 한다. 그래서 이 문제를 ChatGPT를 활용하여 정리했다.

직원 경력개발영역을 실제 HR 제도화하고 프로그램화하려니 한국에서는 직장 내 경력개발의 성공 사례가 많지 않았다. 그래서 기존처럼 경험이 있는 리더의 조언을 듣거나 벤치마킹, 구글링에서도 적용할 수 있는 양질의 내용을 얻기 어려웠다. 그래서 한국HR포럼 ChatGPT 강의를 듣고 유튜브에 'ChatGPT활용법'을 익혀 구글 검색을 ChatGPT와 병행하면서 직원 경력개발 여정을 시작하게 된 것이다.

ChatGPT 질문시 사용한 방법과 응답 만족도

한국HR포럼의 ChatGPT 활용법에 배운 '질문법'을 활용했다. "00 상황에서 00을 00하게 구체적 결과물(줄여, 늘려, 압축, 예시, 사례, 설명, 질문, 표 등)로 만들어줘."라는 구체적인 질문을 기본 세팅으로 사용했다. 그리고 응답 내용을 캡처하여 원하는 깊이의 답이 나올 때까지 Regenerate response를 반복하여 질문했다. 같은 질문으로 Regenerate response를 해도 결함 있는 답변이 나오면, New chat으로 다시 해보거나 다른 표현으로 다시 물어보았다. 원하는 응답이 나왔을 경우 "인사 담당자로서 OOO를 해줘." 같은 역할을 주는 질문을 해보았다. 할루시네이션^{Hallucination}에 대해서는 싫어요 버튼을 눌렀다. 업무 속도가 빨라졌음을 체감해보고자 타임워치를 켜두고 질문과 응답을 진행하여 추가 질문을 하는 고민의 시간을 포함하여 원하는 수준의 결과물 도출까지의 시간을 측정해보았다. 만족도는 질문 의도 대비 나온 결과물의 품질을 주관적인 5점 척도로 평가했다.

- ★☆☆☆☆ 질문 의도조차 이해하지 못하는 결과물 도출
- ★★☆☆☆ 질문 의도에 많이 미치지 못하는 결과물 도출
- ★★★☆☆ 질문 의도에 약간 미치지 못하는 결과물 도출
- ★★★★☆ 질문 의도 정도의 결과물 도출
- ★★★★★ 질문 의도 이상의 결과물 도출

ChatGPT를 활용하여 HR 관련 질문과 응답 내용을 아래와 같이 정리했다.

【Fact】 정년이 다가온 부서장의 경력개발 (응답 만족도 :★★★☆☆ / 소요 시간: 5분)

2020년 5월 1일, 고용상 연령차별금지 및 고령자고용촉진에 관한 법률이 개정되었다. '사업주는 정년퇴직 등으로 이직 예정인 직원에게 경력, 적성 등의 진단 및 향후 진로 설계, 취업 알선, 재취업 또는 창업에 관한 교육 등 재취업 지

원 서비스를 제공해야 한다(같은 법 제21조의3).' 이 법은 1,000명 이상의 사업체에 적용되지만, 확대될 것으로 예상되어 퇴직을 앞둔 부서장들의 경력개발 니즈가 매우 높아졌다. 이에 대응하여 부서장을 위한 전직 지원 프로세스 매뉴얼을 제작하기 위해 경력상담을 포함하여 ChatGPT에 질문을 던져 보았다.

Q1) [New chat] 정년이 얼마 남지 않은 직원이 퇴직 이후에 어떻게 경력을 개발할 수 있을까요?

A) 직원들이 퇴직 이후에도 장기적인 경력개발을 유지하기 위해 다음과 같은 방법을 고려해볼 수 있습니다.

- 후속 멘토링 및 자원봉사 자기 경험을 다른 사람들과 공유하고, 새로운 지식과 기술을 습득합니다.
- 사업 또는 컨설팅 기업에서 일하면서 쌓은 노하우와 경험을 활용하여 자신만의 비즈니스를 시작하거나, 다른 기업에서 컨설팅 업무를 수행합니다.
- 스터디 그룹 참여 관심 분야에 관한 지식과 정보를 공유하며, 함께 학습하고 성장합니다.
- 새로운 기술 습득 새로운 기술에 대한 지식을 습득하고, 자신의 분야에서 이를 활용하여 더욱 전문성을 높입니다.
- 취미 개발 취미를 통해 새로운 삶의 버킷리스트를 만들고, 자신의 인생을 더욱 풍요롭게 채워 나갑니다.
- 친구 가족과의 관계 강화 가족, 친구들과 함께 시간을 보내면서, 자신의 인간관계를 더욱 발전시키고, 행복한 삶을 누립니다.

Q2) [New chat] 정년이 얼마 남지 않았다고 생각하는 부서장님은 지금까지의

경력이 퇴직 이후 어떻게 개발될 수 있을까요?

A) 부서장님은 퇴직 이후에도 경력개발을 유지하기 위해 다음과 같은 방법을 고려해볼 수 있습니다.

- 자기계발 자신의 지식과 기술을 발전시켜, 전문성을 높입니다.
- 컨설팅 또는 자문업무 자신의 전문 분야에서 다른 기업이나 개인에게 조언과 안내를 제공합니다.
- 멘토링 자신의 경험과 지식을 공유하며, 다른 사람들을 지도합니다.
- 자율적인 프로젝트 자신만의 프로젝트를 기획하고, 이를 통해 새로운 경험과 지식을 습득합니다.
- 휴직과 취미 휴식과 취미활동을 통해, 자기 삶에 활력을 불어넣고, 새로운 삶의 버킷리스트를 만들어 나갑니다.

【Think】답변은 대부분 일반적이었지만, 한 번에 읽기 적당한 양과 매번 제시되는 4~5개의 항목이 상호배타적이면서도 빠지는 내용이 없이 MECE ^{Mutually} Exclusive and Collectively Exhaustive하게 정리되었다. 혹시나 빠질 수도 있는 내용을 보충하겠다는 니즈보다 일반적인 응답을 심층질문 통해 구체화해야겠다는 니즈가 훨씬 높았다. [New chat]으로 같은 내용을 다른 방식으로 Q2. 질문을 했을 때 [New chat]으로 '자율적인 프로젝트와 휴직'이 추가된 것이 흥미로웠다. ChatGPT를 1명의 일 잘하는 assistant 정도라고 생각했다가 물을 때마다 다른 내용을 말할 수 있는 다수의 그룹에서 논의하는 정도까지 활용할 수 있겠다는 생각이 들었다.

【Fact】신규직원의 경력개발 프로그램 설계와 안내 메일(응답 만족도 ★★★

☆☆/ 소요 시간 :10분)

최근에는 신규직원들이 조직에 적응하기 위해 오리엔테이션 또는 온보딩^{On-}

^{Boarding} 시기부터 조직이 자신을 어떻게 성장시켜 줄 수 있는지, 나의 성장에 대

해 얼마나 관심이 있는지를 묻는 질문이 많아지고 있다. ChatGPT를 통해 신

규직원의 경력개발 프로그램 설계와 리더십 보고서 작성, 그리고 신규직원을

대상으로 하는 안내 이메일 내용에 대한 아이디어를 얻고자 했다.

**Q1) 입사한 지 얼마 안 된 신규 직원은 나는 이 조직과 맞는 사람인가? 나는
어떤 일을 하면 잘 할 수 있을까?**

A) 조직과의 상호작용: 회사 내 다양한 부서와 직무를 경험하며 다른 사람들

과 소통하고 협력하는 과정에서 자신의 강점과 장점을 확인해보세요. 어떤

역할을 맡았을 때 팀의 성과에 기여할 수 있는지를 알아보세요.(중략)

**Q2) 사원들과 조직 간의 상호작용 프로그램을 회사 기안문형식으로 만들어
줄래?**

A) 프로그램 명칭은 신입 사원과 조직 상호작용. 프로그램 목표는 신입 사원

들의 조직 적응과 협업 능력 강화, 조직 문화와 가치의 이해와 공유, 개인 성장

과 조직적인 연결 강화. 그 외 프로그램 구성과 이행 방법 (응답 내용 요약)

**Q3) 신입직원에게 신입 사원과 조직 간의 상호작용을 위한 회사 프로그램을
참여하도록 안내하는 메일을 인사직원입장으로 적어줘.**

A) 제목: 신입 사원 상호작용 프로그램 참여 안내

메일: 안녕하세요, 우리 회사 HR팀입니다. 신입 사원으로 입사하신 것을 축하드립니다! 회사에 오신 것을 진심으로 환영합니다. 우리 회사에서는 신입 사원들과 조직 간의 상호작용을 강화하고. (중략)

【Think】 조직의 적합성을 파악할 수 있는 다양한 관점과 실제 조직 내 네트워크 도구의 종류, 프로그램 구성, 보고, 안내 내용을 도출했다. 개인적인 판단으로는 3년 차 대리님이 만든 정도는 되는 것으로 생각된다. 다만, 신규 직원 간의 상호 작용이 중요함을 설득하는 질문이나 토론 주제 선정에 관한 질문은 객관적인 수치 데이터나 주제 난이도는 부적당했다. 그러나 최초 질문 후 다시 New chat과 Regenerate response로 같은 질문을 2~3번 추가로 진행하여 원하는 수준의 인접도까지 프로그램의 완성도가 올라왔다.

【Fact】 직무 소진 직원을 위한 경력상담(응답만족도★★★★☆/ 소요시간 15분) 승진 탈락 이후의 경력개발과 직무 소진 시기를 지나간 직원들을 도울 수 있는 구체적인 코멘트와 방법을 정리하여 프로그램으로 만들기 위해 캡처 질문을 했다.

Q1) 승진에서 탈락한 과장님이나 직무소진 시기를 지나가는 차장님은 지금까지의 내 경력은 물경력아닐까?
A) 경력은 한 가지 측면으로만 평가되지 않는다. 승진에서 탈락하거나 지친 상태에서 있더라도, 지금까지의 경력은 그들이 쌓은 경험과 업적으로 이루어져 있으므로 승진에서 탈락하거나 지친 상태를 일시적인 도전이나 실패로 볼 수 있다. 경력은 지속적인 성장과 개발의 과정이며, 실패와 도전은 그들의 경험과

학습 일부이므로 이러한 상황에서 중요한 것은 이전의 경험을 살펴보고 배운 점을 도출, 자기 계발하는 것이다. (중략)

Q2) 지금까지의 나의 경력을 정리할 수 있는 방법을 5가지 도구를 사용하여 알려줘.

A) 5가지 자기 도구를 활용하여 지금까지의 경력을 어떻게 조직화할 수 있는지 안내해 드리겠습니다.

이력서^{Resume}, 자기소개서$^{Cover\ Letter}$, 포트폴리오$^{Portfolio:\ 자기\ 작업물,\ 프로젝트,\ 업적\ 등을\ 시각적}$ $^{으로\ 정리한\ 도구}$, 네트워킹^{Networking}, 개인 브랜딩$^{Personal\ Branding}$. (요약)

Q3) 직무소진이 왔는데 퇴사해야 할까?

A) 직업적인 고갈감을 느끼고 계신다면, 퇴사 여부를 결정하기 전에 몇 가지 고려해야 할 사항이 있습니다. 현재 상황 분석, 자기 케어, 지원체계 활용, 업무 재조정, 새로운 경로 탐색. (요약)

【Think】 캡처 질문 기능으로 상세하고 구체적인 답변을 얻을 수 있었다. ChatGPT는 직무 소진에 대한 다양한 해결책을 제시하며, 이를 설명하는 간단한 추가 정보도 함께 제공했다. 실제 상담 업체의 서비스와 유사한 느낌을 받았으며, 5가지 주제 중에서도 가장 의심 없이 수용할 수 있는 답변을 제공했으며, 가장 친한 친구가 제공하는 조언 수준의 역할을 충분히 수행했다는 생각이 든다. 이처럼 사람의 마음을 잘 이해하고 답변을 제공하는 ChatGPT 인공지능이 출시된다면, 기존의 단순한 질문에 대한 답변 기능을 넘어 외로운 인간의 말벗$^{Talking\ friend}$ 역할을 충실히 수행할 수 있을 것으로 기대된다.

【Fact】리더의 경력상담과 도움을 받을 수 있는 워크숍 (응답 만족도★★★★★ /소요 시간 5분)

부서 직원들은 자기 경력에 대한 고민을 자주 하곤 한다. 이에 대해 리더로서 고민하는 경우, 인사팀에서 제시해 줄 수 있는 조언을 정리하여 메일로 보내보는 것에 대해 고민해 보았다. 또한, 실질적인 도움을 제공하기 위해 팀 내에서 활용할 수 있는 워크숍 설계 방안에 대해서도 ChatGPT에 질문해 보았다.

Q1) 리더는 부서 직원들의 경력고민을 어떻게 조언해줄 수 있을까?
A) 지도자가 부서 직원들에게 직업 관련 걱정에 관해 조언을 제공하는 방법에 관해 설명해 드리겠습니다. 목차: 개인적인 대화를 갖기, 목표 설정을 도와주기, 교육과 훈련 기회 제공, 멘토링과 코칭 제공, 내부 이직 기회 제공, 피드백 제공. (요약)

Q2) 동일 팀내 팀원 10명과 할 수 있는 업무다양화를 모색할 수 있는 워크숍 설계 부탁해.
A) **워크숍 제목:** 팀 내 업무 다각화 탐색 워크숍

- 워크숍 일정, 도입 및 목표 설명 (10분)
- 역할 및 관심 분야 확인 (20분)
- 그룹별 역할 및 업무 분야 탐색 (40분)
- 아이디어 공유와 피드백 (30분)
- 역할 교환 시뮬레이션 (60분)
- 개인 역량 발전 계획 (20분)

【Think】리더가 한눈에 읽기 적당한 양으로, 인사팀 입장에서 주요 요점 위주로 메일이 잘 작성되었으며, 워크숍 레슨별 시간까지 마련되어 있어 전체적인 규모를 짐작할 수 있었다. 이 모든 과정을 경험하고 고민이 생겼다. 경력개발 상담을 받는 직원도 ChatGPT를 통해 고민에 대한 응답을 받고 올 텐데, 리더는 ChatGPT보다 어떠한 조언을 더 할 수 있을까? 리더 1인의 경력 경험과 지식의 양과는 비교가 되지 않을 정도를 다양한 사례를 구미에 맞게 다루는 ChatGPT 시대에 리더는 무엇을 할 수 있을까? 고민이 되었다.

Plan) 직원 경력개발을 위한 ChatGPT 활용해 보고 난 후의 대응

협의적 의미의 PLAN

ChatGPT 질문 자체가 돈이 되는 시대라 하기에 대단한 공식과 학습을 하여야 하는 것 같다. 하지만, 개인적으로는 전문가가 이미 충분히 고민하고 제시한 한국HR포럼에서 주관한 "ChatGPT 강의 질문법"을 익히는 정도면 충분하다고 생각한다. 또한 일반적인 질문으로 시작하여 점점 구체화하는 방법으로 캡처 질문, New chat, Regenerate response를 통하여 원하는 형식(설명, 분석, 요약, 표 등)을 구체적으로 제시하면 기대하는 응답을 끌어 낼 수 있다. 정보를 추가로 찾아볼 수 있는 기관들의 링크, 요청한 수준의 리스트업, OO의 입장에서 메일 보내기, 프로그램 구성과 워크숍 구성, 포트폴리오 등의 결과물을 100% 커스터마이징 할 수는 없었다. 그러나 1~2일 소요될 초기 내외부 자료 서치를 단 5~15분 정도로 대략적인 프레임을 도출할 수 있었다. 다른 팀원들과의 브레인스토밍 작업이나 전문가 자문 없이 대부분 방법을 포괄할 수 있는 방법론을 얻을 수 있었다. 다만, 출처가 분명한 자료가 아니기에 검증 작업에 시간을 배정하여야 할 것이다.

광의적 의미의 PLAN

직원 경력개발은 HR의 어떤 제도보다 개인별 경력개발의 지향점이나 준비도 Readiness에 따라 인터벤션Intervention이 다양하다. 예를 들어, 현재 본인이 맡은 업무에서의 성과 달성이나 역량 강화 등의 방법이 경력개발의 방법일 수도 있으며, 승진이나 다른 부서/직장으로의 이동 배치, 이직 등의 방법도 있을 수 있다. 또한, 한 분야에 관한 전문성을 높이기 위해 전문가/마스터로 성장하는 경로가 있을 수도 있다. 이러한 경력개발 방법은 동시에 진행될 수도 있다.

다양한 직원 경력개발 경로

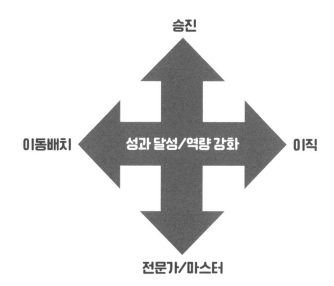

또한, 한국에서의 경력개발^{Career Organization}은 개인의 교육 훈련^{Individual Development}
이나 조직 개발^{Organization Development}보다 외부로 드러난 성공 사례를 찾기도 어
렵고, 그나마도 개인의 영역으로 관리되었다. 무엇보다 직원 경력개발 고민은
직장 내 누구에게도 솔직하게 터놓기 힘든 경우가 많고, 외부 경력 상담가와
는 말하고 싶은 본론까지 사전 설명이 길어질 수밖에 없다.

그러므로 조직과 개인은 이미 서로가 ChatGPT를 활용하고 있음을 솔직하
게 인정해야 한다. 커뮤니케이션 과정에서 ChatGPT의 출처를 공유하며,
ChatGPT에서 제시된 내용을 공유하면서 직원 경력개발 과정을 시작해야 할
것이다. 경력개발에 있어서 ChatGPT를 활용하여 업무를 더 잘할 수 있도록
Best Practice 공유, 교육, 검증 방법을 집단 지성으로 공유하고 개선해 나가
면 더 유익한 경력개발 결과물을 거둘 수 있을 것이다.

이수연 공인노무사로 국제구호개발옹호기구 월드비전에 입사. HR 부서 노무, 인사기획,
채용, 보상, 복리후생, 파견자 관리, 성과관리, 조직문화, 교육 업무를 수행했다.
경영지도사 자격증 취득. 대학원 기업교육을 전공하고 있다.

03

성과관리: ChatGPT 활용과 방향

| 이정택 |

성과관리의 중요성과 도전과제

한국의 전체 취업자 연평균 실제 근로 시간은 2021년 기준 연간 1,915시간이다. 이는 OECD 평균 1,716시간보다 199시간이 많으며, 36개국 중 4번째로 높은 근로 시간을 보여준다. 중남미를 제외하면 일하는 시간이 가장 높은 국가이다. 이러한 장시간 근로는 성과를 위한 노력에서 나온 것이며, 선진국으로 진입했음에도 여전히 우리는 장시간 근로를 하고 있다. Work&Life Balance를 통한 삶의 질 향상을 목표로 하고 있지만, 한국인의 행복 지수는 유엔 지속가능발전해법네트워크[SDSN] 보고서에 따르면 2022년 세계 137개국 중 58위로, 10점 만점에 5.951점으로 하위권에 머무르고 있다.

근로 시간 등에 대한 지속적인 노동 개혁 정책인 2018년 주52시간제가 시행되기 전 2017년의 연평균 실제 근로 시간 2,018시간에 비하면 시간은 연간 108시간 줄었고, 5.4%로 개선 방향은 의미가 있다고 생각된다. 이는 근로 시간을 줄이기 위한 노력이 적잖은 성과를 이루고 있다는 것을 보여준다.

그러나, 여전히 인간의 노력만으로는 한계가 있다. 인공지능을 활용하면, 성과 관리에 새로운 차원의 변화를 가져올 수 있을 것이다. 특히, 생성형 AI^{ChatGPT}가 가지고 있는 거대한 지식 정보를 성과관리의 본질에 추가하면, 조직의 리더와 구성원 모두가 성과에 더욱 집중할 수 있다. 이러한 방식으로 인공지능이 성과관리에 미치는 영향은 매우 클 것이다. 따라서, 인공지능을 조직 내에서 적극적으로 활용하여 성과관리를 개선하고, 더욱 나은 Work&Life Balance를 실현하도록 노력할 필요가 있다.

구성원들은 회사에서 일하는 이유가 여러 가지일 수 있지만, 그중에서도 가장 중요한 목표는 일을 잘 해내야 좋은 결과를 만드는 것이다. 그렇다면 결과란 무엇일까? 결과란 계획한 목표를 이룬 것, 원하는 결과를 얻은 것을 말한다. 이러한 결과와 우리가 자주 쓰는 실적은 어떻게 다를까? 실적은 열심히 노력한 정도를 계량화한 것에 불과하다. 하지만 결과는 부가가치를 창출하는 것이 중요하다. 그러므로 일을 열심히 해서 마감 기한 안에 끝내는 것뿐만 아니라, 부가가치를 창출하는 결과물을 만들어내는 것이 중요하다.

성과관리는 이러한 부가가치를 창출하는 결과물을 만드는 과정에서 계획, 수행, 측정, 평가하는 과정이다. 이에 대해 맥그리거는 1957년 하버드 비즈니스 리뷰^{Harvard Business Review}에 실린 논문에서 다음과 같이 말했다. "기업의 목표를 강제로 떠안기는 것은 관리자의 효과적인 성장에 도움이 되지 않는다. 또한 조직의 필요에 맞게 이들의 행동을 조작하려고 하는 것도 마찬가지이다. 그보다는 구성원들이 자기 잠재력을 발휘하고, 스스로 계획하며 이를 실행하며 학습하는 관계를 형성하는 것이 필요하다." 이러한 성과관리를 통해 구성원들은 더 높은 수준의 결과를 만들어내어 조직 전체의 성장과 발전에 기여할 수 있다.

성과관리는 조직의 목표 달성과 성과 향상을 위한 필수적인 도구이다. 이를 통해 조직은 목표와 성과를 설정하고 추적함으로써 방향성과 성과를 개선하고, 개인과 조직의 성장을 도모한다. 또한, 성과관리는 조직 내 직원들 간의 협력과 상호작용을 촉진하며, 전략적 목표 달성을 위한 역량을 키워준다.

성과관리는 조직 내에서 더 나은 결과를 산출할 수 있도록 지원한다. 개인과 조직에 피드백을 제공하여 역량을 향상하고, 업무 효율성을 높이며, 업무 수행에 있어서 더 나은 방향으로 나아갈 수 있도록 돕는다. 이를 통해, 더욱 공정한 보상 체계를 구축하고 경쟁력을 유지하며, 인재를 유치할 수 있게 된다. 특히, 조직의 전략과 목표를 일관되게 유지하고, 협업과 업무 효율성을 향상하는 중요한 요소이다. 이를 통해 조직은 더욱 높은 성과를 이룰 수 있으며, 개인과 조직의 성장을 꾀할 수 있다.

그런데도 성과관리에 대한 공정성과 투명성, 타당성 등에 대한 도전은 계속되고 있다. 구성원들이 불편하고, 해결해 주기를 원하는 과제는 다음과 같다. 이 도전 과제들을 인공지능을 통해 도움을 받아 볼 수 있을 것으로 본다.

첫째, 목표 설정의 모호성이다. 목표 설정은 성과관리의 핵심 요소이다. 그러나 목표 수립에 대한 공정성과 객관성, 합리성이 갖춰지지 않고, 모호하게 설정되면 성과 측정과 개선이 어려워지게 됩니다. 따라서, 명확하고 구체적인 목표 설정이 필요하다. 예를 들어, "매출액 10% 증가" 대신 "월간 매출액 1억 5천만 원 이상 달성"과 같이 명확하고 구체적인 목표를 설정해야 한다.

둘째, 성과지표의 정의와 측정이다. 적절한 성과지표의 정의와 측정은 도전적인 과제입니다. 측정할 수 있고, 객관적인 성과지표를 개발하고, 데이터를 수집하여 성과를 정량화하는 방법을 찾아야 한다. 예를 들어, '고객 만족도'와 같이 주관적인 지표보다는 '고객 만족도 조사 결과에서 4점 이상 달성'과 같이 객관적인 성과지표를 사용해야 한다.

셋째, 효과적인 피드백과 평가이다. 성과향상을 위한 피드백과 평가 과정은 중요합니다. 그러나 효과적인 피드백과 평가를 제공하기 위해서는 개인별 차이, 다양한 역량, 팀의 구성과 역량 등을 고려해야 한다. 또한, 피드백과 평가는 정기적으로 이루어져야 하며, 결과에 따라 개선 방안을 제시하는 등 효과적인 대응이 이루어져야 한다.

넷째, 조직 문화와 리더십의 역할이다. 성과관리는 조직 문화와 리더십과 깊은 관련이 있다. 조직 문화와 리더십이 성과관리에 대한 지원과 인식을 제공해야 효과적으로 구현될 수 있다. 따라서, 조직 내에서 성과관리에 대한 인식과 가치를 공유하고, 리더십에서 이를 끌어내는 역할이 필요하다.

다섯째, 기술적 도구와 인프라 구축이다. 성과관리를 위해서는 적절한 기술적 도구와 인프라가 필요합니다. 데이터 관리 시스템, 성과관리 플랫폼 등을 구축하고 유지하는 것이 필요하다. 또한, 이를 이용하여 성과관리에 대한 자동화나 분석 등을 수행할 수 있어야 한다.

이러한 중요성과 도전 과제를 이해하고 대응하는 것이 성과관리의 효율성 향상을 위해 필요하다. 더불어, 구성원들과 함께 문제를 해결하고, 인공지능 ChatGPT과 같은 기술을 적극적으로 활용하면 더욱 효과적인 성과관리가 가능할 것으로 본다.

성과관리에 ChatGPT 활용의 필요성

ChatGPT를 성과관리에 활용하는 이유는 대량의 데이터 처리가 가능하기 때문이다. 성과관리는 다양한 데이터를 수집하고 분석해야 하는데, 인공지능은 대량의 데이터를 처리하고 패턴을 식별하는 능력을 갖추고 있어 빠르고 정확한 데이터 분석을 가능하게 한다. 이러한 기능은 성과관리에서의 유용성을 대폭 높여주는데, 이는 성과를 개선하고 조직의 경쟁력을 향상하는 데 큰 역할을 한다.

인공지능은 편견이나 주관적인 요소를 배제하고 객관적인 성과평가를 수행할 수 있어 개인들에 대한 공정한 평가를 가능하게 하고, 조직의 평가 프로세스를 투명하게 만들어 평가자와 피평가자 간의 신뢰를 증진할 수 있다. 이러한 특성은 성과관리에서 중요한 역할을 한다.

인공지능은 실시간으로 데이터를 분석하고 피드백을 제공하여 개인이나 팀의 성과를 즉시 평가하고 개선 방향을 제시하여 조직 내에서 효과적인 피드백 문화를 구축할 수 있다. 이러한 피드백 문화는 조직의 성과를 높이는 데 큰 역할을 한다.

인공지능은 개인의 성과와 발전 가능성을 분석하여 맞춤형 개발 계획을 제공하고, 데이터 기반의 예측과 시나리오 분석을 수행하여 성과의 향후 방향을 예측하고 전략적인 의사결정을 지원할 수 있다.

이처럼, 인공지능은 반복적이고 시간 소모적인 작업을 자동화하여 인력의 부담을 줄이고 효율성을 향상할 수 있다. 이를 통해 조직 내에서 성과관리 프로세스의 운영과 관리에 대한 비용과 시간을 절감할 수 있다. 따라서, ChatGPT의 활용은 성과관리를 보다 정확하고 효과적으로 수행할 수 있도록 도와주며, 조직 내에서 성과를 개선하고 경쟁력을 향상할 수 있는 도구로서 역할을 할 수 있다.

ChatGPT를 활용한 피드백 제공의 효율성 증대

ChatGPT를 활용할 수 있는 분야는 매우 다양하다. 그중에서도 가장 효율적으로 활용할 수 있는 분야는 과정 관리에서의 피드백 분야이다. 이를 위해

ChatGPT는 다양한 데이터베이스와 전문적인 지식을 활용하여 발생할 수 있는 상황에 따라 적절한 피드백 방식과 내용을 제공할 수 있다. 또한, 성과관리는 수립된 목표를 전략과 실행방법을 고려하여 달성할 수 있도록 돕는 것이다. 이를 위해 구성원들이 가장 동기 부여할 방안을 ChatGPT와 대화를 통해 도출하고 진행하는 것이 효율적일 것이다.

ChatGPT를 활용하여 피드백을 제공하는 방식은 매우 다양하다. 이를 위해 일부 일반적인 방식들을 아래에서 소개한다.

첫째, 질의응답 형식이다. ChatGPT를 통해 직원이나 조직 구성원이 특정 상황이나 성과에 관한 질문을 제출하면, ChatGPT는 실시간으로 응답을 생성하여 피드백을 제공할 수 있다. 예를 들어, "나의 프로젝트 진행 상황이 어떤가요?"라는 질문에 ChatGPT가 관련 정보와 조언을 제공할 수 있다. 이를 통해 직원들은 자신의 업무에 대해 더욱 자세히 이해하고, 개선할 방안을 찾을 수 있다.

둘째, 성과 분석과 추천이다. ChatGPT를 통해 조직 구성원의 성과 데이터를 분석하고 개인의 강점과 약점을 파악하여 개선 방향을 제시할 수 있다. ChatGPT는 개인의 성과지표와 성과 목표에 관한 질문에 대답하고, 특정 도메인의 전문 지식을 활용하여 개인에게 맞춤형 조언을 제공할 수 있다. 이를 통해 조직 구성원들은 자신의 성과를 더욱 효율적으로 개선할 수 있다.

셋째, 목표 설정과 추적이다. ChatGPT를 활용하여 목표 설정과 추적을 지원하는 기능을 제공할 수 있다. ChatGPT는 개인의 목표 설정에 관한 질문에 응답하고, 목표 달성 상황을 추적하여 직원에게 목표 달성에 대한 피드백을 제공한다. 예를 들어, "나의 목표는 이번 달에 얼마나 많은 고객을 유치하는 것인가?"라는 질문에 ChatGPT가 목표 달성 상황을 분석하여 피드백을 제공할 수 있다.

넷째, 개인별 개발 지원이다. ChatGPT를 활용하여 개인의 역량 개발과 관련된 질문에 대답하고, 맞춤형 개발 계획과 학습 자료를 제공할 수 있다. ChatGPT는 개인의 강점과 약점을 파악하여 개인화된 개발 지원을 제공하고, 직원이 자기 계발을 위해 필요한 정보와 도구를 제공한다. 이를 통해 조직 구성원들은 자신의 역량을 더욱 발전시킬 수 있다.

이러한 방식들을 통해 ChatGPT는 실시간 피드백 제공에 활용될 수 있으며, 조직 구성원의 성장과 개인 성과 향상을 지원할 수 있다. 피드백의 내용과 형식은 조직의 목적과 요구에 맞게 조정되어야 하며, ChatGPT를 통해 생성되는 피드백이 신뢰성 있고 유익하도록 관리되어야 한다. 이는 조직 구성원들의 성과 향상을 지원하는 데 큰 역할을 할 것이다.

【Fact】 ChatGPT로 성과관리를 완벽하게 할 수는 없다는 것은 사실이지만, 이를 통해 우리는 평가자와 피평가자 간의 불신을 해소하고, 서로 간의 신뢰를 쌓아가며 성과를 도출할 수 있음을 확인했다. 이러한 결과를 얻기 위해서는 조직의 경영자는 IT시스템 도입과 함께 러닝의 시간을 확보해 주어야 한다. 이를 위해 인공지능과의 대화를 통한 목표 수립, 과정 관리 및 성과 평가와 점검

사례를 적극적으로 활용할 필요가 있다.

예를 들어, 인공지능과 대화를 통해 목표 수립 단계에서는 목표의 구체적인 내용을 논의하고, 과정 관리 단계에서는 성과 도출을 위한 적절한 방법을 고민하며, 성과 평가와 점검 단계에서는 성과를 평가하고 개선해 나가는 방법을 찾아나갈 수 있다. 아래와 같이 ChatGPT를 활용하여 효율적이고, 효과적인 성과관리 방법에 대해 접근해 보았다.

Q1) 성과관리를 하는 데 있어서 목표를 설정하는 것이 매우 중요한 요소인데, 목표를 설정하는데 중요한 기준에 대해 알려줘.

A) 성과관리에서 목표를 설정하는 데에는 몇 가지 중요한 기준을 고려해야 합니다. 아래는 목표 설정에 중요한 기준들입니다.

SMART 원칙: 목표는 SMART 원칙에 부합해야 합니다. SMART Specific(구체적인), Measurable(측정 가능한), Achievable(달성 가능한), Relevant (관련성 있는), Time-bound(시간 제한된)의 약어입니다. 목표는 구체적이고 측정할 수 있으며, 목표 달성에 시간제한이 있어야 합니다.

- 전략과 목표 일치 개인의 목표는 조직의 전략과 일치해야 합니다. 조직의 비전과 목표를 고려하여 개인의 목표를 설정해야 하며, 개인의 목표가 조직의 성공을 지원하고 발전에 기여해야 합니다.
- 현실성과 도전성의 균형 목표는 현실적이면서도 도전적이어야 합니다. 너무 쉬운 목표는 동기부여를 떨어뜨리고, 너무 어려운 목표는 좌절감을

유발할 수 있습니다. 목표를 설정할 때는 개인의 역량과 조건을 고려하여 현실성과 도전성의 균형을 맞춰야 합니다.

- **중요한 우선순위** 목표는 중요한 우선순위에 따라 설정되어야 합니다. 조직의 목표와 개인의 역할과 책임을 고려하여 가장 중요한 목표를 설정하고, 다른 목표와의 우선순위를 명확히 해야 합니다.
- **개인의 참여와 관여** 목표 설정에는 개인의 참여와 관여가 필요합니다. 개인은 자신의 목표를 설정하고, 목표에 대한 의견을 제시하고, 목표 달성에 대한 책임감을 느껴야 합니다. 목표는 개인의 동의와 약속에 기반해야 합니다.

이러한 기준을 고려하여 목표를 설정하면 조직과 개인의 성과관리에 효과적으로 기여할 수 있습니다. 목표의 구체성과 측정 가능성, 전략과의 일치, 현실성과 도전성의 균형, 중요한 우선순위, 그리고 개인의 참여와 관여는 목표 설정의 핵심 원칙입니다.

【Think】 인사팀의 입장에서 위의 응답 내용을 분석해 보면 목표 설정에 SMART 원칙을 적용해야 한다는 것에 공감한다. 개인의 목표는 조직의 비전과 목표를 고려하여 설정되어야 하며, 조직의 성공을 지원하고 발전에 기여할 수 있어야 한다. 이러한 기준을 고려하여 목표를 설정하면 조직과 개인의 성과관리에 효과적으로 기여할 수 있게 된다.

【Fact】 다음은 채용담당자의 목표에 대해 ChatGPT는 어떻게 응답하는지 질문해 보았다.

Q2) 인사에서는 인재와 조직에 적합한 인재 중 핵심 인재를 선발하는 중요한 요소이다. 회사 채용담당자의 목표는 어떠한 것으로 설정하면 좋을까?

A) 회사의 채용담당자가 목표를 설정할 때 고려해야 할 몇 가지 요소가 있습니다. 이러한 요소는 다음과 같습니다.

- **핵심 인재 확보** 채용담당자의 목표 중 하나는 핵심 인재를 확보하는 것입니다. 이는 조직의 성공과 성장에 매우 중요합니다. 목표는 핵심 인재를 채용하여 조직에 가치를 제공하고, 전략적 목표 달성을 지원하는 인재를 찾는 것으로 설정될 수 있습니다.
- **다양성과 포용성** 다양성은 조직의 성과와 혁신에 기여할 수 있는 중요한 요소입니다. 채용담당자의 목표는 다양한 배경과 경험을 가진 인재를 채용하여 조직의 다양성과 포용성을 높이는 것일 수 있습니다. 이를 통해 조직은 창의성과 혁신을 촉진하고 경쟁력을 강화할 수 있습니다.
- **적절한 스킬셋과 역량** 채용담당자는 조직의 요구사항과 업무 목표에 부합하는 인재를 채용하는 것을 목표로 설정할 수 있습니다. 이는 적절한 스킬셋과 역량을 갖춘 인재를 선택하여 조직의 업무 수행과 성과 달성에 기여하는 것을 의미합니다.
- **효율적인 채용 프로세스** 목표 중 하나는 효율적이고 효과적인 채용 프로세스를 구축하는 것입니다. 채용담당자는 채용 시간을 단축하고, 적합한 인재를 신속하게 선발하는 등 채용 프로세스의 효율성을 개선하는 것을 목표로 설정할 수 있습니다.

이러한 요소들을 고려하여 회사의 채용담당자는 목표를 설정할 수 있으며, 핵심 인재 확보, 다양성과 포용성, 적절한 스킬셋과 역량, 그리고 효율적인 채용 프로세스 개선 등을 중점으로 고려할 수 있습니다.

【Think】 채용담당자의 목표 중 하나는 핵심 인재를 확보하는 것이다. 채용담당자는 다양한 배경과 경험을 가진 인재를 채용하여 조직의 다양성과 포용성을 높이는 것을 목표로 설정할 수 있어야 한다. 이는 창의성과 혁신을 촉진하고 경쟁력을 강화할 수 있다. 효율적이고 효과적인 채용 프로세스를 구축하는 것도 목표 중 하나이다. 이러한 요소들을 고려하여 회사의 채용담당자는 채용 프로세스 개선 등을 중점으로 고려할 수 있다.

【Fact】 마케팅이나 영업 부서는 목표와 실적이 명확하게 제시된다. 이러한 경우에 동기부여는 어떻게 하면 되는지를 ChatGPT는 아래와 같이 응답했다.

Q3) 영업이나 마케팅과 같이 목표와 실적이 명확히 숫자로 나오는 곳에서 인정과 격려, 그리고 목표 달성에 대한 의지를 갖도록 동기 부여해 주는 방법에 대해 알려줘.
A) 동기부여를 위해 다음과 같은 방법을 고려할 수 있습니다.

- **명확한 목표 설정** 명확하고 측정할 수 있는 목표를 설정합니다. 목표가 명확하면 개인이 노력하고 달성할 수 있는 목표를 가지게 되어 동기부여가 높아집니다.
- **성과 인정과 포상** 목표 달성 및 우수한 성과에 대해 인정과 포상을 제공합니다. 성과를 인정하고 보상하는 것은 개인의 성과에 관한 자부심과 동기부여를 높일 수 있습니다.
- **경쟁과 협업 활성화** 영업이나 마케팅 분야에서는 팀 내 경쟁이나 협업을 통해 동기부여를 증진할 수 있습니다. 목표 달성에 대한 경쟁이 개인의 동

기부여를 자극하고, 팀 내 협업은 지원과 협력을 강화하여 목표 달성을 돕는 역할을 합니다.

- **성장 기회 제공** 개인의 성장과 발전을 지원하기 위해 교육, 훈련, 새로운 도전과제 등을 제공합니다. 개인이 자신의 역량을 향상할 기회를 제공하면 동기부여에 도움이 됩니다.

- **효과적인 커뮤니케이션** 목표 달성에 대한 진행 상황을 투명하게 전달하고, 개인의 업적과 성과에 관한 피드백을 제공합니다. 피드백은 동기부여를 높이고 개인의 성장을 촉진할 수 있는 중요한 요소입니다.

이러한 동기부여 방법을 통해 영업이나 마케팅 업무에서 목표 달성과 성과 개선을 동기부여 하는데 기여할 수 있습니다. 그러나 각 개인의 성격과 동기는 다를 수 있으므로, 상황에 맞게 조정하고 유연하게 접근하는 것이 중요합니다.

Q4) 품질보증팀의 중요한 성과의 하나는 품질 이슈가 발생하지 않는 것인데, 품질 이슈 즉 소비자 클레임이 지속해서 반복된다면 어떠한 절차로 품질보증팀에 피드백이나 징계를 내려야 할지 설명해줘.

A) 품질보증팀에 지속해서 품질 이슈나 소비자 클레임이 발생한다면, 다음과 같은 절차를 고려하여 피드백이나 징계를 내릴 수 있습니다.

- **원인 분석** 품질 이슈의 원인을 분석하고 식별합니다. 제품의 생산 과정, 원자재의 품질, 설계 또는 제조 과정의 결함 등 다양한 요소를 고려하여 원인을 찾습니다.

- **문제 해결 계획 수립** 원인 분석을 바탕으로 문제 해결을 위한 계획을 수립합니다. 이 계획은 문제를 예방하거나 개선하기 위한 구체적인 조치 및

일정을 포함해야 합니다.

- **조치 실행** 수립된 문제 해결 계획을 실행합니다. 이는 생산 과정의 변경, 품질 관리 절차의 강화, 제품 리콜 등의 조치를 포함할 수 있습니다.
- **성과 모니터링** 조치가 실행된 후에는 성과를 지속해서 모니터링합니다. 이는 재발 방지를 위해 품질 지표 및 소비자 클레임 데이터를 추적하고, 개선이 적용된 제품의 품질 및 클레임 발생률을 확인하는 것을 의미합니다.
- **피드백과 보상 또는 징계** 성과 모니터링 결과를 바탕으로 품질보증팀에게 피드백을 제공합니다. 성과가 개선되고 문제가 해결되었을 경우, 인정과 보상을 통해 성과를 인정하고 동기부여를 제공할 수 있습니다. 반면에 문제가 지속되거나 심각한 경우, 징벌 조치를 내릴 수 있습니다. 이는 추가적인 교육, 업무 재배치, 벌칙 조치 등을 포함할 수 있습니다. 품질보증팀에 대한 피드백과 징계는 품질 관리의 핵심 원칙을 준수하고, 조직의 목표인 우수한 품질을 달성하는 데 필요한 절차입니다. 이러한 절차를 통해 문제를 해결하고 품질을 개선할 수 있으며, 조직 전반에 지속적인 품질 의식을 확립할 수 있습니다.

Q5) 사내 OKR 도입 시 직원들의 성과관리에는 어떠한 이점이 있는지 설명해줘.

A) OKR을 조직 구성원에게 도입하는 것은 몇 가지 이점을 가지고 있습니다. 이를 통해 조직 구성원들은 다음과 같은 장점을 경험할 수 있습니다.

- **명확한 목표 설정** OKR은 목표와 키 결과 지표^{Key Result}를 구체적으로 설정하고, 이를 통해 명확한 방향성을 제시합니다. 조직 구성원들은 목표를 이해하고 이를 통해 개인의 목표를 수립할 수 있습니다.
- **참여와 소통 증진** OKR은 조직 내에서 목표를 공유하고 협력하는 환경

을 조성합니다. 구성원들은 자신의 목표를 공유하고 팀원들과 협력하여 목표 달성을 위한 노력을 함께 할 수 있습니다. 이는 조직 구성원들 간의 소통과 협업을 촉진하며 팀의 동기부여와 연결성을 강화합니다.

- 결과 중심적인 문화 구축 OKR은 결과에 집중하는 문화를 형성합니다. 조직 구성원들은 성과 지표를 중심으로 성과를 평가받으며, 목표 달성에 초점을 맞추게 됩니다. 이는 조직 구성원들이 성과에 관한 책임감과 자기 주도적인 역할 수행을 촉진합니다.
- 민첩성과 적응력 강화 OKR은 짧은 주기로 목표를 설정하고 평가하는 방식을 채택합니다. 이는 민첩성을 키우고 조직이 변화에 빠르게 적응할 수 있는 능력을 강화합니다. 짧은 주기의 평가를 통해 조직 구성원들은 빠르게 실험하고 학습하며, 목표 달성을 위한 조치를 조기에 조정할 수 있습니다.
- 개인의 목표 달성과 성장 OKR은 개인의 목표 달성과 성장을 촉진합니다. 개인이 목표를 설정하고 키 결과 지표를 추적함으로써 개인의 역량 개발과 성과 개선에 집중할 수 있습니다. 이는 개인의 동기부여와 전문성 향상을 도모하며, 조직의 인재 개발에도 기여할 수 있습니다.

이러한 이점을 설명하면서 OKR의 MBO와의 차이점을 강조하고, OKR의 유연성과 효과성을 강조하는 것이 좋을 것입니다.

Q6) 개인의 업적과 역량에 따라 평가등급을 나누는 방식 중 개인의 역량 향상을 통해 조직에 성과가 도출되는 방식이 상대평가와 절대평가 중 어떤 것이 더 좋은 것으로 평가되는지 설명해줘.

A) 개인의 업적과 역량을 평가하는 방식에는 상대평가와 절대평가가 있습니

다. 두 방식은 각각 장단점이 있으며, 어떤 방식이 더 좋은 것인지는 조직의 문화, 목표 설정 방식, 그리고 평가의 목적에 따라 달라질 수 있습니다.

- **상대평가** 상대평가는 개인의 업적과 역량을 다른 조직 구성원들과 비교하여 평가하는 방식입니다. 주로 팀 내에서 경쟁적인 분위기를 조성하고 성과를 독려하는 데 활용됩니다. 상대평가의 장점은 명확한 성과 순위를 도출할 수 있고, 성과를 높이기 위한 경쟁 동기를 부여할 수 있다는 점입니다. 그러나 상대평가는 조직 내에서 부정적인 경쟁과 긍정적인 협력을 촉진하는 요소가 될 수 있으며, 개인의 성과가 공정하게 평가되지 않을 수도 있습니다.

- **절대평가** 절대평가는 개인의 업적과 역량을 사전에 정해진 기준에 따라 평가하는 방식입니다. 개인의 성과를 개별적으로 평가하고 목표 달성 정도를 고려하여 등급을 부여합니다. 절대평가의 장점은 개인의 성과를 목표에 대한 달성 정도에 집중하여 공정하게 평가할 수 있다는 점입니다. 그러나 절대평가는 개인 간의 비교가 없으므로 성과를 높이기 위한 경쟁 동기가 부족할 수 있습니다.

어떤 방식이 더 좋은 것인지는 조직의 목표와 문화, 개인의 성장과 성과 개선을 위한 접근 방식에 따라 달라집니다. 일부 조직에서는 상대평가와 절대평가를 조합하여 유연한 평가 방식을 적용하기도 합니다. 따라서, 조직의 목표와 가치관을 고려하여 적절한 방식을 선택하고 평가 프로세스를 설계하는 것이 중요합니다.

Q7) 평가와 보상을 직접 연결하는 것에 대해서 어떻게 생각해? 즉 S, A, B, C, D

의 5단계로 평가하고, S등급에게는 기본인상률의 2배, A등급은 1.5배, B등급은 기본인상률을 주고, C와 D에 대해서는 감액률 없이 기본인상률을 적용하는 방식을 기본으로 하여 설명해줘.

A) 평가와 보상을 직접 연결하는 것은 조직의 성과와 개인의 동기부여를 촉진하는 데 도움이 될 수 있습니다. 등급별로 다른 보상을 제공함으로써 개인들이 목표 달성에 더욱 집중하고 노력할 수 있으며, 우수한 성과를 인정받는 동시에 동기부여가 강화될 수 있습니다.

제시한 방식에서는 등급에 따라 보상을 다르게 주는데, S등급에는 기본인상률의 2배, A등급에는 1.5배, B등급에는 기본인상률을 주고, C와 D에는 감액률 없이 기본인상률을 적용하는 방식입니다. 이러한 방식은 성과에 따라 보상을 구분 짓는 데 도움이 되며, 높은 성과를 달성한 개인들에게는 상대적으로 더 많은 보상을 제공하여 성과 지향적인 문화를 조성할 수 있습니다.

단, 이러한 평가와 보상 연결 방식을 적용할 때 몇 가지 고려사항이 있습니다. 첫째, 명확하고 공정한 평가 기준과 프로세스를 마련해야 합니다. 개인들에게 평가 등급을 부여하기 전에 평가 기준과 목표 설정 방법을 명확히 정의하고 투명하게 전달해야 합니다. 둘째, 보상 연결 시 기준과 비율을 합리적으로 설정해야 합니다. 등급과 보상 사이에 합리적인 균형을 유지하고, 성과와 보상 간에 명확한 상관관계를 유지하는 것이 중요합니다. 셋째, 개인의 성과를 정확하게 측정하고 평가해야 합니다. 정확한 성과 측정을 위해 목표 설정과 추적, 피드백 프로세스를 체계적으로 운영해야 합니다.

마지막으로, 보상 연결 방식은 조직의 문화와 가치관에 맞도록 유연하게 조정될 수 있어야 합니다. 보상은 개인의 동기부여와 성과 개선을 위한 도구로 활용되어야 하며, 조직의 목표 달성과 전략적인 우선순위를 반영해야 합니다. 따라서, 조직의 특성과 목표에 맞추어 평가와 보상 시스템을 설계하고 지속해서 개선해야 합니다.

【Think】지금까지 ChatGPT를 활용하여 성과관리에 있어서 동기부여 방법과 품질 이슈 관리 절차, 그리고 OKR 도입 시의 이점에 관한 내용을 다루어 보았다. 직원들을 동기부여 함에 있어서 명확한 목표 설정, 성과 인정과 포상, 경쟁과 협업 활성화, 성장 기회 제공, 효과적인 커뮤니케이션 등의 중요성에 대해 다시 한번 확인하는 계기가 되었다. ChatGPT는 향후 보다 효율적이고 효과적인 성과관리에 중요하게 활용될 것이다. ChatGPT활용에 있어서 단순 질문에서부터, 구체적인 상황에 적합한 심화 질문을 하게 되면 짧은 시간에 굉장히 방대한 내용의 접근과 인사이트를 얻을 수 있다. 업무 수행에서도 ChatGPT를 이용하여 목표를 설정하고, 이를 달성하는 데 필요한 일들을 분담하거나, 구체적인 일정을 계획하는 업무를 더욱 빠르고 전문적으로 수행할 수 있다. 또한, ChatGPT는 성과 목표를 달성하려는 방법을 제시하고, 필요한 자료와 정보를 제공하여 팀원들이 목표를 달성할 수 있도록 상세 지원이 가능하다. 이러한 방식으로 ChatGPT를 활용하면, 성과관리의 효과적으로 수행으로 조직의 목표 달성에 더 빠르고 안정적으로 접근할 기회를 만들어 가게 될 것이다.

이정택　Food&Beverage 업계 27년 근무. 구성원이 조직의 비전과 핵심 가치를 자기 삶에 녹여 동일체가 되도록 인사는 Speed, Simple, Smart 해야 한다.

중소기업 및 스타트업: ChatGPT 활용과 방향

| 유병선 |

ChatGPT를 활용한 중소기업의 사업전략 수립 실제

중소기업 및 스타트업의 사업부장이라면 항상 하는 고민이 있다. 기업이 성장하려면 시대와 환경 변화에 적응하며 끊임없이 피봇해야 하는 숙명이 있기 때문이다. 이러한 고민을 극복하기 위해서는 새로운 시장과 기회를 발굴하고, 새로운 제품을 개발하며, 새로운 고객을 발견하는 것이 필요하다.

그러나 이러한 일은 쉽지 않다. 다양한 시장 조사와 기업 분석을 통해 새로운 시장과 고객을 발견하고, 기존 제품의 개선과 새로운 제품을 개발하는 것은 매우 시간과 비용이 많이 드는 작업이다. 따라서 이러한 작업을 효율적으로 수행하기 위해서는 새로운 도구와 방법이 필요하다.

이때 사용할 수 있는 도구가 〈Lean CANVAS〉이다. 이 도구는 Lean Startup Process에서 활용되며, 일본의 도요타의 Lean Manufacturing이 영감을 제공했다. 이를 통해 새로운 시장과 기회를 찾고, 새로운 제품을 개발하며, 새로운 고객과 새로운 방법을 발견할 수 있다.

Lean CANVAS를 작성하는 과정에서는 시장 조사와 기업분석만큼이나 중요한 과정인 가치 제안 개발과 제품 설계를 수행할 수 있다. 이를 통해 제품 아이디어를 개발하고, 제품의 차별화 요소를 찾아내며, 상품과 서비스의 고객 가치를 파악할 수 있다. 또한, 제품의 성능과 기능을 구체화하고, 상품과 서비스 가치 디자인을 개발할 수 있다.

Lean CANVAS는 생성형 AI ChatGPT와 Bard를 이용하면 더욱 정확하고 효율적으로 작업을 수행할 수 있다. 이를 통해 새로운 고객을 발견하고, 새로운 제품을 개발하며, 새로운 채널 등 다양한 사업 기회를 찾아볼 수 있다. 또한, 기업의 성장을 위한 좋은 아이디어를 모으는 기회가 될 것이다. 이러한 작업은 시간과 비용을 절약할 수 있으며, 기업의 성장을 더욱 가속할 수 있다.

독자가 Lean CANVAS에 대한 이해도가 충분하지 않을 수 있지만 자사에 적용한 사례를 토대로 ChatGPT와 어떻게 접목해서 결과를 도출했는지를 참고할 수 있길 바란다.

Lean CANVAS

상품(Product)			시장(Market)	
문제 (Problem)	해결책 (Solution)	가치제안 (Unique Value Proposition)	경쟁우위 (Unfair Advantage)	고객 세그먼트 (Customer Segments)
고객이 해결이 필요하다고 생각하는 문제 회사가 해결하고자 하는 고객의 문제와 발생 원인	고객 문제에 대한 해결책 고객의 문제를 어떻게 풀것인지에 대한 방법론과 제공할 수 있는 이유	고객에게 제안할 차별화 된 가치 고객이 명확하고 설득력 있게 해당 제품이나 서비스를 구매 해야 하는 이유	불공정한 장점 경쟁사가 쉽게 구매하거나, 복제할 수 없는 우리 제품/서비스 만의 강점	타겟 고객 우리 제품과 서비스가 어떤 고객을 위해 존재하는지, 어떤 고객이 가지고 있는 문제를 해결할 것인지
	핵심지표 (Key Metrics)		채널 (Channels)	
	핵심메시지 상품과 서비스가 제대로 제공되고 있는가를 파악할 수 있는 핵심 지표		고객과의 접점 잠재고객을 어떻게 만날 것인가, 회사 제품/서비스를 어디서 발견하는가	
비용 구조(Cost Structure)			수익 모델(Revenue Streams)	
서비스를 유지하기 위해 발생되는 비용 구조 고객을 유치하고 유지하는데 드는 비용 예) 인건비, 유통 경비, 장비 비용, 대관 비용			수익 창출 방안 Revenue Model, LTV, Revenue 수익, Gross Margin	

생성 AI를 활용한 비즈니스의 기회 탐색

기존의 컨설팅 솔루션 구축업체에서 B2B SaaS 업체로의 전환 가능성을 모색하기 위해 생성형 AI를 활용했다. 현재 중소기업이 직면한 문제를 조사하고, 이를 해결할 수 있는 솔루션을 탐색하고 적용하는 방법에 대해 분야별 질문과 응답 내용을 토대로 하여 추가 질문을 시도했다. 이에 따라, 새로운 솔루션을 개발하고, 이를 중소기업에 제공하여 경영 및 운영 성과를 향상하는 데 기여할 수 있을 것으로 본다. 또한, 이러한 솔루션은 중소기업의 성장과 발전에 필수적인 역할을 하게 될 것이다.

따라서, 생성형 AI를 활용하여 기존의 컨설팅 솔루션 구축업체에서 B2B SaaS 업체로의 전환 가능성을 탐색하고, 솔루션의 개발 및 제공을 통해 중소기업의 성장과 발전을 촉진할 수 있는 길을 모색해 보았다.

Q1) 현재 시점에서 중소기업이 직면한 어려운 트렌드는 무엇인지 알려줘.
A) 중소기업이 직면한 가장 어려운 트렌드 중 하나는 디지털 전환의 필요성입니다. 또 다른 어려운 트렌드는 인재 확보 및 유지입니다. 중소기업이 직면한 다른 어려운 트렌드로는 글로벌 경쟁, 규제 복잡성, 공급망 중단, 고객 행동의 변화, 기술 변화, 재정적 불확실성 등이 있습니다.

이러한 트렌드는 중소기업이 성공하기 어렵게 만들 수도 있지만, 기회가 될 수도 있습니다. 중소기업은 이러한 트렌드를 활용하여 경쟁에서 앞서 나갈 수 있습니다.

【Think】중소기업 경영에 있어 MZ세대에 대한 이해는 매우 중요하다. 이들은 기술적으로 능숙하며, 새로운 시장 트렌드를 예측하고 추적하는 능력이 뛰어나며, 디지털 기술을 업무에 활용에 능숙하다. 그렇기에 다양성과 포용성에 대한 이해를 바탕으로 더욱더 포괄적이고 공정한 업무 환경을 제공해 주어야 한다.

【Fact】MZ세대는 지속적이고 안정적인 업무에 대한 헌신이 더 어려울 수 있으나, 중소기업은 이들에게 역량을 발휘할 기회를 제공하고, 그들의 가치를 인정하며 성장할 수 있는 환경을 조성해야 한다. 그러기 위해 아래 같이 MZ세대의 장단점에 대해 질문해 보았다.

Q2) 중소기업을 경영하는 데 있어서 MZ세대가 갖는 장단점에 대해 알려줘.
A) MZ세대는 1980년대 초반부터 2010년대 초반 사이에 태어난 세대로, 디지털 환경에서 성장한 세대입니다. MZ세대는 이전 세대와는 다른 특징을 가지고 있어 중소기업 입장에서 장점과 단점이 있습니다.

MZ세대의 장점은 다음과 같습니다.
- 디지털 기술에 익숙하고 활용도가 높습니다.
- 창의적이고 도전적입니다.
- 다양성과 포용성에 대한 이해도가 높습니다.
- 자기 주도적이고 책임감이 있습니다.

MZ세대의 단점은 다음과 같습니다.

- 급변하는 트렌드에 매우 민감합니다.
- 취업과 경제에 대한 불안감이 높습니다.
- 윗세대에 대한 이해도가 낮습니다.
- 업무에 대한 헌신도가 낮습니다.

중소기업이 MZ세대의 장점을 활용하기 위해 할 수 있는 일은 다음과 같습니다.
- 디지털 기술을 업무에 적극적으로 활용할 수 있도록 지원합니다.
- 창의적이고 도전적인 아이디어를 환영하고 실행할 수 있도록 합니다.
- 다양성과 포용성을 장려하고 모든 직원이 소속감을 느낄 수 있도록 합니다.
- 자기 주도적이고 책임감 있는 업무 환경을 조성합니다.

중소기업이 MZ세대의 단점을 보완하기 위해 할 수 있는 일은 다음과 같습니다.
- MZ세대의 특성을 이해하고 그에 맞는 업무 환경을 조성합니다.
- MZ세대에게 자신의 가치와 성장 가능성을 보여줍니다.
- MZ세대가 업무에 몰입할 수 있도록 동기를 부여합니다.
- MZ세대와 지속적으로 소통하고 관계를 구축합니다.

중소기업이 이러한 노력을 기울인다면 MZ세대는 기업의 성장과 발전에 큰 도움이 될 것입니다.

【Think】 MZ세대는 디지털 환경에 적응력이 뛰어나며, 기업의 디지털트랜스 포메이션을 가속화하는 데 큰 역할을 할 수 있다. 이들의 창의적이고 도전적인 성향은 기업에 새로운 아이디어와 접근법을 제공하며, 경쟁력을 유지하는 데 도움이 된다. 또한, MZ세대는 다양성과 포용성을 가지고 있어 더 다양한 고객

층을 이해하고 대응하는 능력을 갖추고 있다.

그러나, 이들의 일부 특성은 중소기업 경영에 도전적인 측면을 가지고 있다. 이에 대응하기 위해서는 안정적인 업무 환경과 변화에 대한 적응력을 높이는 교육 등이 필요하다. 또한, MZ세대의 취업과 경제에 대한 불안감, 윗세대에 대한 이해도 부족, 업무에 대한 헌신도 낮음 등의 문제는 적절한 관리 전략을 통해 극복할 수 있다.

【Fact】기업은 MZ세대의 장점을 극대화하고 단점을 최소화하는 전략을 세워야 한다. 이를 통해, MZ세대는 기업에 큰 가치를 더하며, 기업의 성장과 발전, 그리고 더 넓은 고객층과의 소통 능력 강화에 결정적인 역할을 할 수 있게 된다. MZ세대의 특징과 현업 적용에 있어서 아래와 같이 보다 심층적인 질문을 해보았다.

Q3) MZ세대는 고객 소비자이고, 직원 동료이고, 기업의 구성원이다. 중소기업이 당면한 트렌드 중 디지털 전환의 필요성과 인재 확보 및 유지, 고객 행동의 변화에 있어서 MZ세대의 고객으로서의 특성과 직원 동료의 특성, 기업 구성원으로의 특성에 대해 알려줘.
A) MZ세대는 인터넷과 모바일 환경에서 자란 첫 세대로, 디지털 기술에 능숙하고 가치관과 소비 패턴이 다른 이전 세대와 차별화됩니다.

MZ세대는 다음과 같은 특징을 가지고 있습니다.
- **디지털 네이티브** 인터넷과 모바일 환경에서 자란 첫 세대로, 디지털 기술

에 능숙합니다.

- **가치관의 다변화** 이전 세대보다 개인주의적이고, 자기 계발과 자아실현에 관심이 많습니다.
- **소비 패턴의 변화** 온라인 쇼핑을 선호하고, 경험과 가치를 중시하는 소비 패턴을 보입니다.

이러한 특징을 바탕으로 MZ세대는 고객, 직원, 기업 구성원으로서 다음과 같은 특징을 가지고 있습니다.

- **고객으로서** 디지털 기술에 능숙하여 온라인 쇼핑을 선호합니다. 경험과 가치를 중시하여 제품이나 서비스의 차별화된 가치를 찾습니다. 소셜 미디어를 통해 제품이나 서비스에 대한 정보를 공유하고, 다른 사람의 의견을 참고합니다.
- **직원으로서** 자기 계발과 자아실현에 관심이 많아, 자신의 가치와 역량을 발휘할 수 있는 직장을 찾습니다. 유연한 근무 환경과 복지를 선호합니다. 팀워크와 협업에 능숙합니다.
- **기업 구성원으로서** 창의적이고 혁신적인 아이디어를 가지고 있습니다. 변화에 빠르게 적응합니다. 소셜 미디어를 사용하여 기업과 소통합니다.

MZ세대는 사회의 주력 세대로 성장하고 있습니다. 기업은 MZ세대의 특징을 이해하고, 그들에게 맞는 제품, 서비스, 기업 문화를 제공해야 합니다. 그래야만 MZ세대의 마음을 사로잡고, 그들이 기업의 고객, 직원, 구성원으로서 함께 성장할 수 있습니다.

【Think】 정리해보면 현재 중소기업이 직면한 과제는 디지털 전환이 필요한 것, 인재 확보와 유지에 대한 문제, 그리고 고객 행동의 변화에 대응하는 것이

다. 이러한 과제를 가장 잘 이해하고 빠르게 실행할 수 있는 주체는 MZ세대이다. 그들은 디지털 네이티브로서 디지털 전환의 능력을 갖추고 있으며, 고객, 직원, 기업 구성원으로서 그 역할을 수행하는 데 능하며, 이를 즐기고 있는 세대이다. 이러한 MZ세대는 중소기업이 디지털 전환이라는 과제를 해결하는 데 있어서 매우 중요한 역할을 할 수 있다. 따라서 중소기업은 이들의 능력과 역할에 관한 인식을 높이고, 그들과 함께 혁신적인 전략을 수립해 나가는 것이 필요하다.

【Fact】 자사는 메일서버로 들어오는 스팸 메일과 해킹 메일을 차단하는 스팸 차단 솔루션인 '스팸브레이커^{SPAMBREAKER}'와 메일 서버에서 외부로 나가는 이메일 내의 중요정보나 개인 정보를 차단 및 승인하는 이메일 DLP 솔루션인 '메일브레이커^{MAILBREAKER}'를 보유하고 있다. 현재 자사의 사업 분석을 위해 신사업으로 진행하고 있는 웹사이트 내용에 대해 아래와 같이 ChatGPT를 활용해 보았다.

Q4) sirteam.net 사이트를 분석해 보고 요약해줘.
A) SirTEAM은 업무 효율 향상을 위한 협업 툴입니다. 메일, 메신저, 캘린더, 워크플로우 등 모든 기능을 담은 단 하나의 협업 툴로 원활한 소통과 빠른 의사결정을 가능하게 합니다. SirTEAM은 MZ세대의 특성을 고려하여 설계되었으며, 디지털에 익숙하고 빠르게 변화하는 트렌드에 민감한 MZ세대에게 적합한 협업 툴입니다.

SirTEAM은 다음과 같은 특징을 가집니다.

- 메일, 메신저, 캘린더, 워크플로우 등 모든 기능을 담은 단 하나의 협업 툴입니다.
- 원활한 소통과 빠른 의사결정을 가능하게 합니다.
- MZ세대의 고객, 직원 동료, 기업 구성원으로서 기업에 큰 영향을 미치고 있습니다.

MZ세대는 디지털 환경에서 자란 세대이기 때문에 디지털에 익숙하고 빠르게 변화하는 트렌드에 민감합니다. 또한, 개인의 가치와 취향을 중요시하고, 사회에 긍정적인 영향을 미치는 기업을 선호합니다. SirTEAM은 MZ세대의 특성을 고려하여 설계되었으며, 디지털에 익숙하고 빠르게 변화하는 트렌드에 민감한 MZ세대에게 적합한 협업 툴입니다.

【Think】위와 같이 자사에 대해 정의하고, 핵심 사업을 정리한 이유는 아래와 같이 심화 질문을 하기 위함이다. ChatGPT에 자사에 대한 이해도를 높이고, 그 수준에서 추가적인 질문을 하기 위한 사전학습 과정이다.

【Fact】좀 더 심화해 보기 위해 중소기업의 어려운 트렌드 이슈에 대해 자사의 신사업은 어느 정도의 영향을 미칠 수 있는지에 관해 예측 질문을 던져 보았다.

Q5) 중소기업이 당면한 어려운 트렌드로 디지털 전환 필요성, 인재 확보 및 유지, 고객 행동의 변화에 있어서 자사의 SirTEAM은 어느 정도 도움이 될까?
A) SirTEAM은 중소기업이 디지털 전환 필요성, 인재 확보 및 유지, 고객 행동

의 변화 등으로 인해 직면한 어려움을 극복하는 데 도움이 될 수 있습니다.

● **디지털 전환 필요성** SirTEAM은 중소기업이 디지털 전환을 쉽게 할 수 있도록 도와줍니다. SirTEAM은 메일, 메신저, 캘린더, 워크플로우 등 모든 기능을 담은 단 하나의 협업 툴로, 중소기업이 디지털 전환에 필요한 모든 기능을 한 번에 사용할 수 있습니다. 또한, SirTEAM은 MZ세대의 특성을 고려하여 설계되었기 때문에, 디지털에 익숙하고, 빠르게 변화하는 트렌드에 민감한 MZ세대에게 적합하다.

● **인재 확보 및 유지** SirTEAM은 중소기업이 인재를 확보하고 유지하는 데 도움이 됩니다. SirTEAM은 원활한 소통과 빠른 의사결정을 가능하게 하여, 중소기업이 직원들과 효과적으로 소통하고, 빠르게 의사결정을 내릴 수 있도록 도와줍니다. 또한, SirTEAM은 MZ세대의 특성을 고려하여 설계되었기 때문에, 디지털에 익숙하고, 빠르게 변화하는 트렌드에 민감한 MZ세대에게 적합하다.

● **고객 행동의 변화** SirTEAM은 중소기업이 고객 행동의 변화에 적응하는데 도움이 됩니다. SirTEAM은 고객과 효과적으로 소통하고, 고객의 요구를 파악할 수 있도록 도와줍니다. 또한, SirTEAM은 MZ세대의 특성을 고려하여 설계되었기 때문에, 디지털에 익숙하고, 빠르게 변화하는 트렌드에 민감한 MZ세대에게 적합하다.

SirTEAM은 중소기업이 직면한 어려운 트렌드를 극복하고, 지속 가능한 성장을 이룰 수 있도록 도와주는 협업 툴입니다.

【Fact】 위의 답변을 기반으로, 비즈니스 툴인 Lean CANVAS와 Business Model Canvas 작성을 요청해 보았다. 이를 통해 B2B SaaS 시장에서의 기

회를 더욱 잘 파악하고, 기획할 수 있게 되었다. 또한, 답변 내용을 토대로 표 형태로 재구성해 보았다. 가독성을 높이기 위해 눈에 띄게 시각화하고, 더욱 명확하게 전달할 수 있도록 항목별로 핵심 내용을 정리해 보았다.

Q6) SirTEAM은 메일, 메신저, 워크플로우를 통합한 팀 공유, 팀 협업, 일 소통 Business Communication SaaS 이다. 전략 수립에 있어서 중소기업 및 벤처기업을 대상으로 MS 팀즈, 구글 워크스페이스와 경쟁하려고 하는데 Lean Canvas 린 캔버스로 정리해줘.

A) SirTEAM이 중소기업 및 벤처기업을 대상으로 MS 팀즈와 구글 워크스페이스와 경쟁하기 위한 전략을 Lean Canvas 형식으로 정리해 보았습니다.

(요약 정리)

Lean CANVAS 정리

문제	해결책	가치 제안	고객 관계	고객 세그먼트
중소기업 및 벤처 기업은 협업 및 소통 도구를 찾고 있습니다	SirTEAM은 메일, 메신저 및 워크플로우를 통합한 팀 공유, 팀 협업 및 일상 의사소통을 위한 비즈니스 커뮤니케이션 SaaS입니다. [주요 활동] 비즈니스 커뮤니케이션 SaaS 개발, 기술 플랫폼 유지 관리 및 마케팅 캠페인 실행 [주요 리소스] 비즈니스 커뮤니케이션 SaaS, 기술 인력 및 영업팀	SirTEAM은 중소기업 및 벤처 기업이 협업 및 생산성을 높이는 데 도움이 됩니다.	저렴한 가격, 사용하기 쉬운 플랫폼 및 고객 중심의 접근 방식. 린 테스트: SirTEAM은 소규모 사용자 그룹에서 제품을 테스트하고 피드백을 수집합니다.	중소기업 및 벤처 기업
	핵심 메시지		**채널**	
	SirTEAM은 중소기업 및 벤처 기업을 위한 사용자 친화적이고 저렴한 비즈니스 커뮤니케이션 SaaS입니다.		온라인 플랫폼, 소셜 미디어 및 영업팀	

비용 구조	수익 모델
비즈니스 커뮤니케이션 SaaS 개발, 기술 플랫폼 유지 관리 및 마케팅 캠페인 실행 비용	구독, 광고 및 전자 상거래

린 측정

SirTEAM은 제품 사용, 수익 및 고객 만족도를 측정합니다.

린 학습

SirTEAM은 데이터를 사용하여 제품을 개선하고 마케팅 전략을 최적화합니다.

Q7) 위의 내용을 참고로 하여 SirTEAM은 앞으로 어떠한 전략과 방향으로 나아가야 하는지 알려줘.

A) SirTEAM은 중소기업 및 벤처기업을 대상으로 한 팀 협업과 커뮤니케이션을 위한 통합 플랫폼입니다. SirTEAM은 다음과 같은 전략과 방향으로 나아가야 합니다.

1. **기능 확장** 메일, 메신저, 워크플로우 도구를 통합하여 더 나은 협업 환경을 제공할 수 있도록 기능을 강화하고, AI 및 자동화 기술을 도입하여 효율성을 높일 수 있습니다.

2. **사용자 경험 개선** 사용자 친화적인 인터페이스와 직관적인 기능 구성을 통해 사용자들이 쉽게 접근하고 활용할 수 있도록 해야 합니다. 사용자들의 피드백을 수집하고 이를 반영하여 지속적인 개선해야 합니다.

3. **경쟁력 강화** 가격 저렴한 정책과 강력한 보안 기능을 제공하여 경쟁 우위를 확보해야 합니다.

4. **지속적인 개선과 유지보수** 고객 지원팀을 구성하여 사용자들의 문의 사항에 대응하고, 정기적인 업데이트 및 개선 사항을 플랫폼에 반영하여 지속적인 가치 제공을 실현해야 합니다.

5. **글로벌 시장 진출** 국제 시장에서의 확장을 고려해야 합니다. 다국어 지원과 지역화된 마케팅, 서비스 전략을 수립해야 합니다.

6. **파트너십 구축과 생태계 확장** SirTEAM과 관련된 파트너십을 형성하고, 다른 기업과의 협력을 강화하여 종합적인 솔루션과 통합을 제공해야 합니다.

7. **고객 확보** 디지털 마케팅 활동과 광고 캠페인을 통해 고객들을 유치하고, 고객 관계를 강화하기 위해 정기적인 업데이트와 개선을 제공해야 합니다.

8. **지속 가능한 수익 모델** 구독 기반의 요금제를 도입하여 수익을 창출해야

합니다.

9. **핵심 자원 관리** 기술 인력을 중심으로 플랫폼의 개발, 디자인, 보안 등에 필요한 인력을 유지하고 관리해야 합니다.

10. **사용자 피드백 수용:** 사용자들의 요구와 피드백을 수집하고 반영하여 제품의 개선과 발전을 지속해서 실현해야 합니다.

위의 전략과 방향을 통해 SirTEAM은 중소기업 및 벤처기업의 협업과 커뮤니케이션을 지원하는 선도적인 플랫폼으로 성장하고, 시장에서의 경쟁력을 강화할 수 있습니다.

【Think】SirTEAM은 중소기업과 벤처기업을 위한 통합 협업 플랫폼으로서, 선도적인 플랫폼으로 성장하고, 경쟁력을 강화할 수 있다는 자신감이 생긴다. 이러한 전략과 방향은 중소기업 경영자로서 기업의 성장과 발전에 매우 유망하고 효과적인 방향성을 제시해주어 사업 성공에 대한 기대와 확신이 생겼다.

【Fact】보다 구체적으로 접근하기 위해 생성 AI를 활용하여 Business Model Canvas에 추가적으로 접근해 보았다.

Q8) SirTEAM은 메일, 메신저, 워크플로우를 통합한 팀공유, 팀협업, 일소통 Business Communication SaaS 이다. 전략 수립에 있어서 중소기업 및 벤처기업을 대상으로 MS 팀즈, 구글 워크스페이스와 경쟁하려고 하는데 Business Model Canvas로 정리해줘.

A) Business Model Canvas를 활용하여 SirTEAM의 전략과 비즈니스 모델을 정리해 드리겠습니다. (요약 정리)

Business Model CANVAS 정리

경쟁 우위	핵심 활동	가치 제안	고객 관계	고객 세그먼트
SirTEAM의 경쟁 우위는 저렴한 가격, 사용하기 쉬운 플랫폼 및 고객 중심의 접근방식입니다. SirTEAM은 MS Teams 및 Google Workspace보다 저렴한 비즈니스 커뮤니케이션 SaaS를 제공합니다. 또한 사용하기 쉬운 플랫폼을 통해 기업은 필요한 비즈니스 커뮤니케이션 SaaS에 쉽게 액세스할 수 있습니다. 마지막으로 SirTEAM은 고객 중심의 접근 방식을 통해 기업이 비즈니스 커뮤니케이션 SaaS 요구 사항을 충족하도록 합니다.	SirTEAM의 주요 활동은 비즈니스 커뮤니케이션 SaaS 개발, 기술 플랫폼 유지 관리 및 마케팅 캠페인 실행입니다. SirTEAM은 기업이 필요로 하는 비즈니스 커뮤니케이션 SaaS를 개발합니다. 또한 비즈니스 커뮤니케이션 SaaS를 제공하는 데 사용할 기술 플랫폼을 유지 관리합니다. 마지막으로 SirTEAM은 기업과 협력하여 비즈니스 커뮤니케이션 SaaS를 판매하기 위해 마케팅 캠페인을 실행합니다.	SirTEAM의 가치 제안은 MS Teams 및 Google Workspace와 경쟁하는 저렴하고 사용자 친화적인 비즈니스 커뮤니케이션 SaaS를 제공하는 것입니다. SirTEAM은 기업이 협업, 생산성 및 비용 절감을 높이는 데 도움이 됩니다.	SirTEAM의 고객 관계는 고객 지원, 맞춤형 솔루션 및 멤버십 프로그램입니다. SirTEAM은 고객에게 24시간 연중무휴 고객 지원을 제공합니다. 또한 기업이 특정 요구 사항에 맞는 맞춤형 비즈니스 커뮤니케이션 SaaS 솔루션을 개발하는 데 도움을 줍니다. 마지막으로 SirTEAM은 기업이 비즈니스 커뮤니케이션 SaaS 솔루션에 대한 멤버십을 구매할 수 있도록 합니다.	SirTEAM의 고객 세그먼트는 중소기업 및 벤처 기업입니다.

	핵심 자원		채널	
	SirTEAM의 주요 리소스는 비즈니스 커뮤니케이션 SaaS, 기술 인력 및 영업 팀입니다. SirTEAM은 기업이 필요로 하는 비즈니스 커뮤니케이션 SaaS에 투자합니다. 또한 비즈니스 커뮤니케이션 SaaS를 제공하는 데 사용할 기술을 개발하고 유지 관리합니다. 마지막으로 SirTEAM은 기업과 협력하여 비즈니스 커뮤니케이션 SaaS를 판매합니다.		SirTEAM의 채널은 온라인 플랫폼, 소셜 미디어 및 영업 팀입니다. SirTEAM은 기업이 온라인 플랫폼을 통해 액세스할 수 있는 비즈니스 커뮤니케이션 SaaS를 제공합니다. 또한 기업이 소셜 미디어를 사용하여 콘텐츠를 홍보하도록 돕고 영업 팀을 통해 직접 기업과 협력합니다.	

비용 구조		수익 모델		
SirTEAM의 비용 구조는 비즈니스 커뮤니케이션 SaaS 개발, 기술 플랫폼 유지 관리 및 마케팅 캠페인 실행 비용으로 구성됩니다. SirTEAM은 비즈니스 커뮤니케이션 SaaS를 개발하기 위해 비용을 지출합니다. 또한 비즈니스 커뮤니케이션 SaaS를 제공하는 데 사용할 기술 플랫폼을 유지 관리하기 위해 비용을 지출합니다. 마지막으로 SirTEAM은 기업과 협력하여 비즈니스 커뮤니케이션 SaaS를 판매하기 위해 마케팅 캠페인을 실행하기 위해 비용을 지출합니다.		SirTEAM의 수익 모델은 구독, 광고 및 전자 상거래입니다. SirTEAM은 기업이 비즈니스 커뮤니케이션 SaaS에 대한 구독을 구매할 수 있도록 합니다. 또한 기업의 비즈니스 커뮤니케이션 SaaS에 대한 광고를 게재하고 비즈니스 커뮤니케이션 SaaS 제품 및 서비스를 판매하여 수익을 창출합니다.		

【Think】 중소기업과 스타트업 대표 사업부장 팀장은 신규 고객 창출, 신상품 판매 및 신 채널 확보와 같은 다양한 과제를 직면하고 있다. 현재의 인터넷, 모바일, 소셜 네트워크 및 ChatGPT 기술의 변화에 따라 시장 고객도 변화하고 있으며, 이에 맞추어 상품과 채널도 변화해야 한다. 이는 리더의 역할이다. 따라서, 사업부장 팀장은 회사의 생존과 성장을 위해 노력해야만 한다.

그러나 다행히도 현재의 주류인 MZ세대는 고객이자 동료이다. 이들은 디지털 네이티브로 디지털 도구를 가장 잘 다루는 지금 시대의 현인들이다. 이들과 함께 고민하면서 그들의 성장을 통해 회사의 성장을 이룰 수 있다. 이를 위해서는 먼저 ChatGPT를 이용하여 사업 전략을 검토하고 디지털트랜스포메이션을 시도해 볼 필요가 있다.

ChatGPT나 Bard를 이용하여 사업부장, 팀장의 관점에서 현재 고객의 문제를 정의하고 거기에 제안할 수 있는 솔루션을 Lean CANVAS로 정리해 보시길 권장한다. 이는 단순히 정답을 찾는 것이 아니라, 사업부장의 전문성을 기반으로 더 정교하게 고객에 대해 생각하고, 상품에 대해 더 깊게 고민하며, 새로운 판매 채널 전략도 고민해 볼 수 있는 계기가 될 것이다.

또한, MZ세대와 함께 고민하고, 고객과 직접 대면하면서 더욱 고민해 보는 것도 좋은 방법이다. 나아가, 파트너 채널 사 인재들과 함께 고민하고 Lean CANVAS를 더 정교하게 다듬어 가며 사업 기회를 찾아 실험해 볼 수도 있다. 이는 오픈 이노베이션 마인드셋만 사업부장 팀장님이 갖추기만 하면 쉽게 성공할 수 있다. 지금 시대는 변화가 너무 빠르고, 정답이 없는 세상이 되었다. 따라서, 대표가 알 수 있는 것은 60%이고, 사업부장 팀장님과 함께하면 70%, 팀원들과 함께하면 80%, 파트너와 함께하면 90%, 고객과 함께 고민해야 100% 알 수 있는 세상이다.

다보스 포럼 의장인 클라우스 슈밥은 "새로운 시대는 큰 물고기가 작은 물고기를 잡아먹는 것이 아니라 빠른 물고기가 느린 물고기를 잡아먹는 시대"라고 말했다. 이 말은 인터넷, 모바일, 소셜네트워크, 생성형 AI 등 디지털 도구를 잘 활용하는 기업들만이 생존하고 성장할 수 있는 시장이 되었다는 것을 의미한다. 하지만 아직은 ChatGPT나 Bard와 같은 생성형 AI 도구는 일정 부분에서는 도움이 되지만 근본적인 부분에 있어서는 현장 전문가를 대체할 수는 없다. 결국 사람, 즉 인재가 결정하고 실행하며 고객에게 영향력을 행사해서 사업의 성패를 좌우할 것이다.

그렇게 빠르게 변화하는 현재 시장 상황에서는 중소기업과 스타트업 기업이 뉴노멀, 인재 전쟁, 고객 다변화 등의 어려움을 극복해야 한다. 이런 상황에서는 ChatGPT나 바드와 같은 생성형 AI 도구를 빨리 배우고 빨리 적용하는 기업이 더 쉽고 효율적으로 일하며 높은 성과를 내게 된다. 이를 위해서는 전략적인 정렬이 필요하며 실험적으로는 Lean CANVAS, 사업적으로는 비지니스 모델 캔버스^{Business Model Canvas, BMC} 작성법을 추천한다.

생성형 AI인 ChatGPT나 Bard는 질문을 하게 하며 사고의 깊이와 넓이를 확장해 준다. 이를 통해 AI에 질문하고 대화하며 본인의 생각을 확장하고 보다 본질적인 심층적인 질문을 하게 된다. 또한 다른 전문가들과 함께 대화하며 통찰력의 깊이를 더욱 심화시킬 수 있다. 생성형 AI는 기본적인 지식을 자동으로 작성하게 하여 시간을 절약할 수도 있다. 하지만 ChatGPT나 Bard에서 답변하는 정보는 참조 사항이며, 생각과 의견을 모아가는 도구일 뿐이다. 따라서 전문성을 지닌 사람들의 통찰을 확장·심화해 줄 수는 있지만 대체할 수는 없을 것이다.

유병선　크리니티 팀장의 팀장으로 25년간 인터넷 메일 협업, 메일 보안 서비스 사업을 Pivoting하고 있다. SirTEAM이란 브랜드로 Global B2B SaaS 기업으로 변신해 해외 시장 개척에 재도전하고 있다. 공저《스몰석세스, 행복한 북클럽》

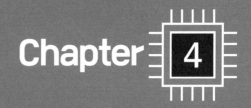

Chapter 4

바람직한 조직문화 형성을 위한 ChatGPT 활용

기업 문화 개선 및 직원 역량 개발: ChatGPT 활용

| 조원규 |

성장하고 있는 기업은 더욱 더 성장하기 위해 기업 문화 개선과 조직 구성원의 역량 개발을 고려해야 한다. 이것이 성장과 도약의 발판이 되기 때문이다. 기업은 벤치마킹을 하거나 교육하며 과감하게 컨설팅을 받아보지만, 그 솔루션을 찾기가 만만치 않다.

기업 문화는 그 기업의 가치관과 신념 및 관행의 집합체이다. 이러한 특성을 고려한다면 애초에 교육과 남이 잘하는 것을 배워서 우리에게 적용한다고 쉽게 해결되지 않을 것이다. 하지만 그것마저도 시도하지 않는다면 개선과 발전은 더욱 묘연한 일이 될 것이다.

기업 문화를 만드는 근간에는 그 기업의 구성원들이 어떻게 생각하고 행동하며 소통하는지 먼저 알아야 한다. 즉, 그 기업의 구성원들이 어떻게 일하며 그 기본적인 틀이 무엇인지 알아야 한다. 만약 그 틀이 없다면 그 기업은 기업 문화가 형성되어 있지 않은 것이다.

또한, 기업 문화는 그 근간인 구성원의 인지와 행동이 지속해서 변하고 있으므로 기업 문화 개선은 필수적이다. 최적의 솔루션을 찾기 위해 지속적이고 때로는 과감한 도전을 해야 한다.

기업 문화는 생물과 같이 살아 움직이는 것이다. 몇 년 전 기업 문화가 어땠다고 해서 지금도 그대로일 것으로 생각하거나, 만약 그렇다면 그 기업은 정체된 기업 문화를 가지고 있다. 게다가 공무원이나 군대 조직조차도 그들의 조직 문화를 개선하려고 노력하고 있다.

그 이유 중 하나는 세대 간의 소통이 문제이기 때문이다. MZ세대가 대세인 지금, 이를 고려하지 않은 기업 문화는 많은 문제를 일으킬 수 있다. 직장 내 괴롭힘은 물론 근무 윤리와 성희롱에 대한 개념까지, 이러한 문제들은 다른 개념으로 접근하여야 한다.

특히 조직 문화의 핵심인 일하는 방법마저도 급속하게 변화하고 있다. 디지털 트랜스포메이션^{Digital Transformation} 시대의 정점에 선 현재, 적합한 기업 문화를 구축하고 그 기업에 속한 구성원들의 역량을 어떻게 개발할 것인지 지원하여 궁극적으로 조직의 성과를 극대화할 것인지, 이는 모든 기업의 과제가 될 것이다.

기업 문화 개선을 위한 ChatGPT 활용

기업 문화는 기업의 성공에 큰 영향을 미친다. 강력한 기업 문화는 구성원에게 명확한 동기부여를 제공한다. 좋은 기업 문화는 일을 쉽고 빠르게 처리하며, 일정 이상의 성과를 이룰 수 있도록 안전장치를 갖추고 있다. 무엇보다도, 좋은 기업 문화는 구성원 간의 협력과 문제 해결에 큰 도움이 된다.

기업 문화는 시간이 지남에 따라 발전해야 한다. 기업이 성장하고, 기업을 둘러싼 환경이 변화하면서 기업 문화를 개선해야 한다. 팬데믹 발생으로 인해 일하는 방식이 변화하면서, 재택근무와 ZOOM을 비롯한 다양한 업무 수행 도구가 활용되면서 기업 문화에 대한 접근도 달라졌다.

기업 문화는 1980년대 초 오일 쇼크가 발생하면서 주목받았다. 당시 일본 기업은 미국 기업이 위기에 봉착한 이유를 비교 분석하면서, 서구 조직이 너무 느리고 관료적이며, 융통성도 없으며 변화에 둔감해 경쟁력을 잃고 있다는 것을 발견했다. 반면, 일본 기업은 강력하고 적절한 기업 문화를 가지고 있다는 것을 강조했다. 이후, 세계적인 기술의 발전과 환경에 영향을 받으며 기업 문화는 점점 더 중요해졌다. 지금은 AI 시대에 접어들게 되었으며, ChatGPT가 대세인 시대가 되었다.

기업이 생겨나고 성장하려면 크게 두 가지 문제를 해결해야 한다. 첫째는 외부에 대한 적응 능력을 확보하고, 둘째는 내부 프로세스를 통합하여 생존과 적응 능력을 지속해서 확보해야 한다.

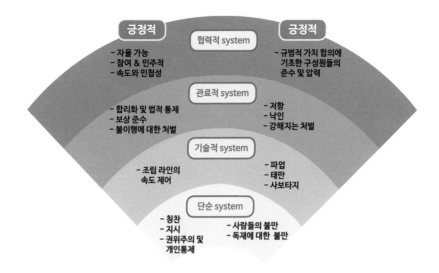

기업의 조직통제시스템 Organizational Control System)

또한, 기업 문화는 조직 내부에서 보이지 않는 손과 같은 시스템인 조직적 통제 시스템Organizational Control System이 존재한다. 이 시스템은 단순 통제 단계, 기술적 통제 단계, 관료적 통제 단계, 그리고 협력적 통제 단계로 진화 및 발전한다.

각 기업이 기업 문화를 개선하려는 이유는 다를 수 있지만, 더욱더 나은 기업 문화를 구축하고자 하기 때문이다. 관료적 시스템을 넘어 협력적 시스템이 구축되도록, 단순 통제 시스템 수준에서 진화할 필요가 있다. 또한, AI를 기반으로 하는 협력 시스템을 조직 문화 개선의 도구로 활용할 수 있다.

기업 문화를 통해 조직의 목표를 더 쉽게 달성하고, 구성원의 근무 만족도를 높이며, 회사에 대한 로열티를 형성하고, 더욱더 강한 경쟁력을 확보하길 바란다.

강력한 기업 문화를 갖는다면, 첫째로, 기업의 구성원들이 같은 목표를 향해 나아가도록 동기를 부여합니다. 또한, 구성원들이 서로 협력하고 상호 지원함으로써 조직 목표 달성을 돕게 된다.

둘째로, 구성원의 소속감을 높여 준다. 강력한 조직 문화는 기업 구성원 스스로 조직에 속해 있다는 느낌을 갖게 하며, 더하여 조직에서의 자신의 가치를 느끼고 이를 통해 구성원의 스스로 만족감을 느끼게 한다.

ChatGPT를 통해 자신의 기업을 찾아보고 알려지지 않은 회사의 강점을 홍보하고 알리는 작업을 먼저 했는지 묻고 싶다. ChatGPT가 나왔을 때 우리 기업을 알리는 사내 캠페인을 구성원 모두가 하였는지 묻고 싶다. 하지 않았으면 먼저 우리 기업이 나아가려는 방향성과 기업이 하려는 목표를 생성형 AI를 통해 학습시킬 필요가 있다.

ChatGPT를 비롯하여 Bard나 Bing 또는 Sing 등에 자신의 기업을 검색하고 알려지지 않은 우리 기업의 미션과 비전, 핵심 가치와 기업의 자랑거리를 정리하여 올려야 한다. 이를 통해 유사 기업, 즉 경쟁 기업을 AI가 정확히 찾아내고 그들에게 대응할 수 있는 전략과 대응 방안을 찾아서 우리에게 알려 줄 것이다. ChatGPT의 제대로 된 사용은 우리의 정보를 올리는 것부터 시작해야 제대로 된 답을 들을 수 있음을 알아야 한다.

셋째로, 강력한 기업 문화는 기업의 경쟁력을 강화한다. 기업의 구성원들이 같은 목표와 가치를 공유하고 협력할 수 있는 틀을 만들고 이를 자율적으로 실천할 수 있다면 강력한 기업 문화를 형성할 수 있다.

나아갈 방향을 공감하고 정확히 인지한 후에는 속도가 경쟁력을 좌우하는 시대가 되었다. 그런 면에서 AI 기반의 ChatGPT는 우리에게 엄청난 속도를 가져다 줄 것이다. 보고서를 쓸 시간, 통계를 활용할 시간을 획기적으로 줄여 줄 것이다. 특히 요즘같이 한 장으로 요약 보고를 해야 할 경우, 조사된 보고서를 ChatGPT에 모두 올리고 이를 A4 한 장으로 혹은 300자 이내로 정리해 달라고 ChatGPT에 요청해 보기 바란다. 이를 잘 훈련하면 구성원 개개인의 보고 실력도 향상할 수 있을 것이다.

기업 문화를 개선하려는 근본적인 이유는 강력하고 경쟁력 있는 기업 문화를 갖추기 위함이다. 이전에는 기업의 핵심 가치, 비전 및 미션을 구성원들에게 무조건 외우도록 지시한 적이 있다. 이렇게 한 이유는 기업이 나아가려는 목표와 추구하는 가치를 공유하고 이를 바탕으로 서로 협력하도록 하기 위함이었다.

그러나 키워드 중심으로 된 가치를 외우다 보니 이것이 공감되지 않는 경우가 대부분이었다. 그래서 선진 기업들은 이를 공감시키기 위해 이를 문장으로 만들어 공유하기도 했다. 기업의 구성원 A가 아는 공정과 구성원 B가 아는 공정이 다르지만, 가치는 공정이므로, 공감되지 않은 공정을 가지고 각자가 공정을 추구한 것이다.

기업의 경쟁력은 공감에서 나온다. 같은 목표를 듣고 이를 공감해야 하는데, 각자 다른 목표로 인식된다면 어떨까? 그래서 목표는 구성원 간 합의하고 조율하는 과정을 반드시 거쳐야 한다. 이것이 성과 목표 설정의 기본이다. 이를 기반으로 협력하고 지원하며 협업하는 시스템을 구축해야 한다. 기업의 구성원들이 협력하여 돌진할 목표를 향해 각자가 달성해야 할 성과, 즉 표적에 대한 영점을 제대로 파악해야 일과 성과를 제대로 낼 수 있다.

기업의 생존력 또한 공감에서 나온다. 공감은 고객의 Needs와 요구를 이해하고 이를 충족시킬 수 있는 제품과 서비스를 제공하는 데 필수적이다. 공감이 있는 기업은 고객과 더 강한 관계를 구축하고, 고객의 충성도를 높일 수 있다. 또한, 공감은 직원의 동기부여와 생산성을 향상하는 데에도 도움이 된다. 공감이 있는 기업은 구성원이 자신의 기여를 인정받고 있다고 느끼고, 더 열심히 일하게 한다. 문제는 구성원의 공감을 어떻게 끌어낼 것이냐 하는 것이다. 기업의 성공도 공감이 필수적이다.

공감은 기업이 고객과 직원을 이해하고, 그들의 Needs를 충족시킬 수 있는 제품과 서비스를 제공하는 데 도움을 준다. 공감이 있는 기업은 고객의 충성도를 높이고, 직원의 동기부여와 생산성 향상으로 경쟁력을 높일 수 있다.

그런 면에서 ChatGPT는 고객의 니즈와 요구를 빠르게 이해하고 공감하는데 탁월하다. 고객이 무엇을 원하는지, 무엇이 필요로 하는지 검색하면 빠르고도 쉽게 이해하게 해 준다 더하여 고객의 Needs를 충족시킬 수 있는 제품과 서비스를 구축하려는 방안도 쉽고, 빠르고, 명확하게 제공하여 준다.

ChatGPT를 활용하면 고객의 충성심을 높일 수 있다. 고객의 Needs와 요구에 최적화된 제품과 서비스는 고객 만족으로 이어질 것이다. ChatGPT를 활용한 분석과 대응의 목적은 그 기업의 충성고객을 만드는 것이다. 공감을 바탕으로 한 제품과 서비스는 고객이 그 기업 제품의 재구매 뿐만 아니라 제품을 업그레이드시키는 역할도 할 것이다.

그런 면에서 공감은 오늘날같이 경쟁이 치열한 시장에서 기업 성공의 필수적인 역량이다. 이 역량을 뒷받침해 주는 ChatGPT야 말로 우리가 꼭 활용할 Tool이다.

- ChatGPT를 활용하여 우리 회사의 가치관과 목표를 명확하게 정의 내려 보자.
- ChatGPT를 활용하여 우리 회사의 가치관과 목표를 일상 업무에 적용해 보자.
- ChatGPT를 활용하여 구성원과 소통하기 전에 먼저 묻고, 확인해 보자.
- ChatGPT를 활용하여 구성원과 협력하는 방안을 찾고 실천해 보자.
- ChatGPT를 활용하여 구성원의 참여를 점점 늘려 보자.
- ChatGPT를 활용하여 우리의 활동을 평가받아 보자.
- ChatGPT를 활용하여 다시금 도전할 방향과 방법을 찾아 보자.

그리고 이를 정리하여 우리만의 스토리를 만들어 보자.

재미있는 것은 ChatGPT는 참으로 충성스럽게 우리의 이런 노력을 신속하고 빠르게 도와준다.

직원역량 개발을 위한 ChatGPT 활용

기업의 성과는 직원의 역량에 비례한다. 그리고 기업의 성과는 바람직한 기업 문화를 조성하는데 밑거름이 된다. 그리고 바람직한 기업 문화는 장기적인 경영성과를 담보한다.

- 좋은 기업 문화는 경영이념과 전략적 방향이 정렬되어 있다.
- 좋은 기업 문화는 전략실행을 잘하는 일하는 방법이 정착되어 있다.
- 좋은 기업 문화는 변화하는 경영환경에 잘 적응한다.
- 좋은 기업 문화는 구성원들의 수용성을 높이고 자발적 참여를 끌어낸다.
- 좋은 기업 문화는 구성원들의 역량을 개발하고 경쟁력을 높여 준다.

바람직한 기업 문화

전략적 공유 문화
Strategically
Appropriate Culture

바람직한
기업 문화

유연한 대응 문화
Flexible
Response Culture

자발적 참여 문화
Voluntary
Participation Culture

필자는 이를 '바람직한 기업 문화'로 표현하고 싶다. 우리 기업에 적합한 기업 문화는 회사가 정한 전략이 모든 구성원에게 공유되어 있으며, 구성원들이 이를 자발적으로 참여하여 몰입할 뿐만 아니라, 환경 변화에 유연하게 대응하는 체계와 인식 그리고 의지가 불타는 기업 문화를 가져야 한다고 생각한다. 이러한 기업 문화가 바람직한 조직 문화라고 할 수 있다.

바람직한 기업 문화를 갖춘 기업은 구성원 간 전략적 공유 활동이 활발히 이루어진다. 회사로부터 공유된 목표의 달성을 위해 서로 협력하며, 상호 보완적이다. 또한, 바람직한 기업 문화를 갖춘 기업은 목표 달성을 위해 정렬된 실행 방안이 서로 공유되어 중복되거나 상충하는 일이 없도록 한다. 구성원 간에도 동료가 경쟁 관계가 아닌 상생의 관계이자 협력의 관계가 되도록 한다. 이를 위해서는 무엇보다도 구성원 상호 간에 피해를 주지 않으려 스스로 역량을 개발해야 한다.

물통의 크기가 가장 작은 나무 조각으로 그 크기가 결정된다는 우물통 법칙처럼 그 조직의 역량은 가장 낮은 구성원의 능력에 따르므로, 좋은 기업 문화를 갖춘 기업은 구성원 개개인의 역량 개발에 충실하다. 또한, 적어도 일하는 수준을 일정하게 유지하기 위해 일하는 방법을 잘 정리한다. 이를 위해 매뉴얼과 일하는 시스템이 잘 정리되어 있다. 기업의 수준이 유지 및 발전될 수 있도록, ERP 시스템을 비롯하여 그룹웨어 시스템을 잘 맞추려 한다. 그런 면에서 모든 구성원이 AI를 활용한 ChatGPT 활용 기반의 업무 수행 역량을 고루 갖추고 있다면, 그 기업의 경쟁력과 일하는 속도는 엄청날 것이다.

전략적 공유 문화란 기업의 목표 달성을 위해 직원들이 정보를 공유하고 협력하는 문화이다. 전략적 공유 문화를 갖춘 기업은 직원들의 창의력과 혁신성도 높아질 것이다.

바람직한 기업 문화는 변화와 자극에 유연하게 대응할 수 있어야 한다. 유연한 대응 문화는 변화에 빠르게 적응하고 변화를 기회로 활용할 수 있는 기업 문화이다. 유연한 대응 문화를 갖춘 기업은 변화하는 시장 환경에서 경쟁력을 유지하고 지속해서 성장할 수 있다.

ChatGPT와 같은 AI의 활용은 변화에 대한 인식을 쉽고 빠르게 높여 준다. 타사의 사례를 찾아주기도 하고 대응 방안에 관한 생각의 실마리를 제공해 준다. 오픈할 수 있는 회사의 전략을 공유하여 피드백을 받을 수도 있다. 특히 다양한 측면에서 ChatGPT를 활용하여 대응 방안을 모색하는 것도 좋을 것 같다.

구성원에게 변화를 바란다면 구성원 스스로 변화의 인식을 해야 효과적이다. 그러기 위해서는 구성원들이 스스로 필요성을 인식하도록 도와주어야 한다. ChatGPT를 활용하여 대세의 흐름을 구성원 스스로 느끼고 나름의 방안을 찾도록 하여 유연한 대응 문화를 구축하는 것이 중요하다.

유연한 대응 문화는 기업의 경쟁력을 높이는 데 매우 중요한 요소이다. 유연한 대응 문화를 갖춘 기업은 변화하는 시장 환경에서 경쟁력을 유지하고 성장할 수 있기 때문이다.

자발적 참여 문화란 구성원들이 자신의 의지와 열정으로 업무에 참여하는 문화이다. 자발적 참여 문화를 갖춘 기업은 구성원들이 스스로 동기 부여하며 생산성을 높일 수 있다. 자발적 참여 문화를 구축하기 위해서는 다음과 같은 노력이 필요하다.

- 구성원 스스로 자신의 직무에 대한 주인의식을 갖도록 해야 한다.
- 자신이 맡은 직무 수행에 대한 열정을 갖도록 지원해야 한다.
- 구성원 스스로 자신이 가진 역량을 발휘할 기회를 제공해야 한다.
- 직무에 대한 의견과 아이디어를 내면 이를 존중해 주어야 한다.
- 구성원 스스로 성장과 발전을 위한 교육과 시간적 지원을 해 주어야 한다.

자발적 참여 문화는 기업의 경쟁력을 높이는 데 중요한 요소이다. 자발적 참여 문화를 갖춘 기업은 구성원들의 동기부여와 생산성은 높을 수밖에 없다. 그 이유는 스스로 정했고 스스로 해 보겠다는 의지가 있기 때문이다.

ChatGPT는 직원 역량 개발을 위해 다양한 방법으로 활용될 수 있다. 교육과 훈련의 도구로, 코칭과 멘토링 할 때, 스스로 질문을 찾고 목표를 정할 때, 달성한 과제를 평가하고, 최신의 정보와 비교하고 새로운 과제를 찾아 정할 때도 탁월한 결과를 도출하게 해 준다. ChatGPT는 구성원들에게 새로운 기술과 지식을 교육하기 쉽다. 구성원들이 자신의 속도와 시간에 따라 학습할 수 있도록 다양한 학습 자료를 제공해 주기 때문이다.

ChatGPT를 활용하여 구성원들의 목표 달성과 성장을 지원하기 위한 노력이 필요하다. 이를 통해 구성원들에게 코칭, 멘토링, 기회, 리소스를 제공하며,

성과 평가와 역량 향상을 지원하도록 시도한다. 또한 최신 정보와 아이디어를 공유하여 구성원들이 창의적인 아이디어를 도출하고 경쟁력을 높이도록 한다. ChatGPT의 활용으로 지속적인 지원과 다양한 경험, 기회를 제공하여 구성원들이 다양한 분야에서 활용할 수 있도록 하길 바란다.

조원규   익스피리언스 저자그룹의 조직 문화담당 길라잡이. HR기획과 조직문화 담당 경험을 살려 《조직문화가 전략을 살린다》라는 책을 집필한 바 있고, 지금은 dA Group의 부사장으로 근무하고 있다.

세대 간 문화 이해와 소통 촉진: ChatGPT 활용

| 조원규 |

세대간 이해와 소통은 회사, 본부, 혹은 팀 차원에서 어떻게 접근해야 할까? 이를 묻는 이유는 기업 문화를 정착하고 혹은 개선하려는 중심축을 어디에 두고 있는지에 대한 물음이기도 하다. 기업 문화를 시작해야 하는 첫 과업 중 하나가 세대간 이해와 소통이기 때문이다.

팀 내에서 성공을 위해서는 팀 구성원 간에 이해 증진과 소통이 필수 과제이다. 세대 간의 이해와 소통은 팀 성과 향상에 지대한 영향을 미친다. 세대 간의 이해와 소통이 이루어지는 목적은 한마디로 팀의 성과를 향상하기 위한 것이다. 팀의 문제 해결 능력을 향상하여 생산성을 높이고, 갈등 해결 능력을 향상하여 팀의 에너지를 집중시키기 위함이다. 이를 통해 팀의 협업 능력, 창의성 역량, 나아가 팀의 사기를 향상할 수 있습니다. 팀 내에서 세대 간의 이해와 소통은 팀 성공의 기초이다.

첫째, 팀 내에서 세대 간의 이해와 소통 방안으로 먼저 구성원 간에 나눔의 기회를 확대해야 한다. 팀원들이 서로를 더 잘 알 수 있도록 하는 활동이 필요하다. 쉬운 예로는 팀원들과 함께 식사하거나, 팀원들과 함께 등산, 혹은 가벼운 스포츠 활동을 하거나, 팀원들이 봉사 활동을 함께 할 수 있을 것이다. 문화 체험을 같이하는 것도 추천한다.

둘째, OJT^{On-the-Job Training}와 교육 및 훈련 프로그램을 활용하는 방안도 있다. 팀원 개개인의 가치관을 알고 있고 상호 존중해 줄 수 있는 프로그램이면 더 좋다. 또한, 팀원 개개인의 특성과 장단점, 강점과 약점 등을 알고 서로 배려할 수 있도록 하는 프로그램을 통해 팀워크^{Teamwork}을 향상할 수 있다.

셋째, 세대 간의 이해 증진 및 협업 프로그램을 활용하는 것도 방법이다. 예를 들어, 팀원들 모두가 갈등 해결 기술을 함께 배우거나, 팀원들이 고민을 해결하는 데 도움을 줄 수 있는 상담, 멘토링 같은 지원 프로그램을 활용하는 것이다.

팀 내에서 세대 간의 이해와 소통은 팀 성과 향상에 큰 영향을 주기 때문에 이를 지원하고 실행하는 프로그램을 마련해야 한다. 성숙한 기업은 보통 이와 관련된 프로그램을 여러 개 보유하고 있으므로, 팀장은 이를 조사하고 우리 팀에 적용할 수 있는 아이템을 찾아 적용하는 것이 좋다. 이때 ChatGPT를 활용하면 유용하다. ChatGPT는 빠르고 신속하게 답변을 제공하여 무엇인지 묻고, 사례를 찾아보고, 잘하고 있는지 점검하고, 개선할 점을 제안할 수 있다.

ChatGPT는 한 번의 검색으로 수백만 개의 웹 페이지를 검색할 수 있어, 책 몇

권 분량의 정보를 얻을 수 있다. ChatGPT는 인터넷 검색을 통해 웹 페이지를 검색하거나 Google Books와 같은 도구를 사용하여 책을 검색할 수도 있다. 또한 ChatGPT는 Wikipedia, Open Library, Project Gutenberg 등의 다른 웹 사이트를 통해 정보를 검색하여 가장 관련성이 높은 정보를 제공한다.

ChatGPT는 빠르게 사례를 찾아주고 우리 상황에 맞는 대안을 제시해준다. ChatGPT를 활용한 워크숍을 팀 구성원들과 함께 진행해보는 것을 권장한다. 이를 통해 팀이 해야 할 일과 구성원 간 협의해야 하는 일을 ChatGPT를 매개체로 활용하여 진행할 수 있다. 이 과정에서는 재미도 있고, 평소에 몰랐던 구성원들의 여러 가지 성격과 특성을 알 수 있다. 또한, 세대 간 문화 이해와 소통이 촉진된다.

ChatGPT는 세대간 문화 이해와 소통에 대해 다음과 같이 제안한다.

첫째, 서로 다른 세대의 문화와 가치관을 이해함으로써, 더 나은 의사 결정을 내릴 수 있도록 해주고, 나아가 협력과 공동체 의식을 강화한다.

둘째, 서로 다른 세대가 서로 소통하고 교류함으로써, 더 나은 협력과 협동을 이룰 수 있도록 해주며, 더하여 세대 간 갈등도 예방하고 해결하게 해준다.

셋째, 다른 세대가 서로 배울 기회를 제공함으로써, 더 나은 사내 환경을 만들 수 있도록 해준다. 또한, 서로 다른 세대가 서로를 이해하고 존중하며 소통할 수 있도록 함으로써, 더 나은 기업 환경을 만들 수 있다.

ChatGPT는 방대한 양의 텍스트와 코드 데이터 세트로 훈련되어 세대 간의 차이를 이해하고 서로를 더 잘 이해하는 데 도움이 될 수 있다. 또한, 요즘 젊은이들이 주로 사용하는 용어에 대한 해석과 활용법을 알려줄 수도 있다. ChatGPT는 구성원들이 서로의 차이를 이해하고 존중하는 교육에 활용될 수 있다.

세대 간 교육은 서로의 문화와 가치관을 이해하고 존중하는 태도를 기르는 데도 도움이 된다. 세대 간 교육을 통해 서로의 문화를 이해하고 공감함으로써, 평화롭고 조화로운 사회를 만들어 나갈 수 있다.

ChatGPT는 구성원들이 갈등을 평화롭게 해결하는 방법을 알려준다. 갈등 해결에 대한 정보 제공과 함께 구성원들이 갈등을 평화롭게 해결하는 방법을 배울 수 있다.

세대 간 대화는 서로의 생각과 경험을 나누고, 이해를 돕는 데 도움이 된다. 따라서 세대 간 대화를 통해 서로의 문화와 가치관을 이해하고 존중하는 태도를 기르며, 더욱더 평화롭고 조화로운 사회를 만들어 나갈 수 있다.

ChatGPT는 구성원들이 서로를 존중하는 문화를 조성하기 위한 규칙을 마련하는 데 활용할 수 있다. 또한 ChatGPT는 기업 문화를 조성하는 데에도 도움이 된. 규칙을 마련하고 구성원들이 이를 준수하도록 돕는 데에 적극적으로 활용할 수 있다.

ChatGPT는 구성원들이 서로를 존중하는 문화를 조성하기 위한 캠페인을 진행하는 데에도 활용할 수 있다. ChatGPT는 서로의 문화를 이해하고 공감하는 데에도 도움이 된다. 또한 세대 간 예술에 대한 이해와 서로의 문화를 경험하고 이해하는 데 도움이 될 것이다.

조원규 익스피리언스 저자그룹의 조직 문화담당 길라잡이. HR기획과 조직문화 담당 경험을 살려 《조직문화가 전략을 살린다》라는 책을 집필한 바 있고, 지금은 dA Group의 부사장으로 근무하고 있다.

MZ세대 요구에 부응하는 조직문화 구축: ChatGPT 활용

| 홍규원 |

《MZ 익스피리언스》(2022년)에서 MZ세대의 관점에서 조직문화를 이해하는 것이 우선이라고 언급하고 있다. 이는 MZ세대가 다른 세대와는 다른 기존의 조직문화에 대한 시각과 요구를 하고 있음을 의미한다. 다시 말해, 기존의 일반적인 조직 입장 또는 소수 주요 리더의 관점에서 바라보고 접근하는 것이 아니라 MZ세대의 관점에서 보려고 노력해야 한다.

MZ세대가 다니고 싶고, 자부심을 느끼며 높은 성과를 내길 기대한다면 그들의 이야기에 귀 기울이고, 소통하고, 그들의 관점에서 바라보고 접근해야 한다. 이러한 측면에서 ChatGPT를 활용하여 MZ세대가 원하는 조직문화를 구축하기 위해 다음과 같은 질문을 통해서 그 해법을 찾아보고자 한다.

【Fact】 첫 번째 질문은 ChatGPT가 MZ세대에 대해 객관적인 수준에서 응답하는지를 확인하기 위한 질문이다.

Q1) MZ세대에 대해 설명해줘.

A) MZ세대는 1990년대 중반에서 2010년대 초반 사이에 태어난 사람들을 말한다. MZ세대는 줄여서 'M세대' 또는 'Z세대'라고도 한다. 출생 연도의 정확한 범위는 출처와 정의에 따라 다를 수 있다. MZ세대는 어릴 때부터 기술과 인터넷에 대한 광범위한 액세스가 가능한 고도로 디지털화되고 연결된 세상에서 성장한 것으로 유명하다. 그들은 소셜 미디어, 선호도 및 커뮤니케이션 스타일을 형성한 기타 기술 발전에 노출되어 있습니다. MZ세대 구성원은 종종 기술에 정통하고, 기업가적이며, 사회적 의식이 있고, 다양한 특징이 있습니다. 그들은 디지털 플랫폼에 익숙하고 즉각적인 만족을 추구하며 진정성을 중시하고 사회 및 환경 문제에 관심을 두는 것으로 알려져 있습니다.

Q2) MZ세대가 원하는 조직문화에 관해 설명해줘.

A) MZ세대 구성원들은 사회성과 팀워크보다는 자유로운 분위기와 개별적인 업무 스타일에 더 집중합니다. 또한, 조직 내에서 발생하는 문제를 해결하는 방안을 제시하는 것을 선호하며, 적극적인 커뮤니케이션이 중요하다고 생각합니다. 조직 내에서의 성과보다는 인간적인 가치와 윤리적인 가치를 더욱 중시합니다.

Q3) MZ세대를 위한 조직문화 구축 전략에 관해 설명해줘.

A) MZ세대를 위한 조직문화 구축 전략은 다음과 같습니다.

- 적극적인 커뮤니케이션 환경 조성
- 자유롭고 창의적인 분위기 조성
- 인간적인 가치와 윤리적인 가치를 중시하는 조직문화 구축
- 다양한 업무 스타일에 대한 존중과 유연성 제공
- 문제 해결 능력을 강화하는 교육 및 훈련 제공

세대별 특성은 광범위한 일반화이며 특정 세대 내의 모든 개인에게 적용되지 않을 수 있다는 점에 유의하는 것이 중요합니다. 같은 세대 집단 내에서도 개인 간에는 태도, 신념 및 행동에 상당한 차이가 있을 수 있습니다.

【Think】 ChatGPT를 활용하여 MZ세대의 기대와 요구에 부응하는 조직문화 구축 전략을 이해하고 제시할 수 있다. 이를 위해서는 다양한 전략들을 고려해야 한다. 적극적인 커뮤니케이션 환경 조성을 통해 직원들 간의 의사소통이 원활하게 이루어질 수 있도록 해야 한다. 또한, 자유로운 분위기를 조성하여 직원들이 자신의 의견을 자유롭게 표현할 수 있도록 돕는 것이 중요하다는 것을 도출해 보았다.

하지만, 세대별 특성은 개인마다 차이가 있을 수 있으므로 일반화에 주의해야 한다. 따라서, ChatGPT를 활용하여 조직문화 구축 전략을 제시할 때는 MZ세대의 기대와 요구를 고려하면서도 세부적인 차이를 고려해야 한다.

【Fact】 두 번째 질문은 MZ세대가 원하는 기업의 조직문화에 관한 질문이다. 첫 번째 질문에서 ChatGPT가 이해하는 MZ세대에 관한 내용의 검증을 토대

로 하여 후속 질문을 한 것이다. 이러한 방법의 채택은 ChatGPT로 하여금 질문 내용에 대한 사실 여부 파악하고, 이에 따르는 응답을 할 수 있도록 단계적으로 접근하는 것이다.

Q4) MZ세대 원하는 기업의 조직문화에 대해 알려줘.

A) MZ세대는 그들의 고유한 가치와 기대를 반영한 기업 문화를 원합니다. 물론, 개인마다 선호하는 기업 문화가 다를 수 있겠지만, MZ세대가 자주 찾는 주요한 측면을 몇 가지 소개해드리면 다음과 같습니다.

- **의미 있는 일** MZ세대는 목적의식이 있고 더 큰 대의에 기여하는 일을 중요하게 생각합니다. 그들은 개인적인 가치와도 맞으며, 사회나 환경에 긍정적인 영향을 미칠 기회를 제공하는 조직을 선호할 가능성이 큽니다.

- **유연성과 일과 삶의 균형** MZ세대에게는 일과 삶의 균형이 매우 중요합니다. 따라서, 직장 생활과 개인 생활 사이의 건강한 균형을 유지할 수 있는 원격 근무 옵션이나 유연한 일정과 같은 유연한 근무 방식을 높이 평가합니다.

- **협업과 포용** MZ세대는 협업과 포용적인 작업 환경을 중요하게 생각합니다. 그들은 동료들과 협력하고, 아이디어를 공유하며, 의사결정 과정에 기여할 기회를 찾습니다. 또한, 소속감을 만들고 모든 사람에게 동등한 기회를 보장하는 다양성과 포용 노력에 대한 노력과 인정을 중요시 합니다.

- **경력 성장 및 학습 기회** 경력 성장을 위한 지속적인 학습 및 기회는 MZ세대에게 매우 중요합니다. 그들은 전문성 개발에 투자하고, 멘토링 프로그램을 제공하며, 발전을 위한 명확한 경로를 제공하는 조직을 원합니다.

- **기술 통합** 디지털 네이티브인 MZ세대는 조직이 기술을 효과적으로 수용하고 활용하기를 기대합니다. 그들은 혁신적인 기술을 채택하고 최신 도구와 플랫폼을 제공하며 디지털 작업 환경을 조성하는 작업장을 높이 평가합니다.
- **피드백과 인정** MZ세대에게는 정기적인 피드백과 인정이 중요합니다. 그들은 지속적인 의사소통, 건설적인 피드백 및 기여에 대한 의미 있는 인정에 감사합니다. 그들은 개방적이고 투명한 커뮤니케이션 채널을 장려하는 문화를 소중히 여깁니다.
- **작업 환경 및 회사 가치** MZ세대는 편안하고 소중함을 느낄 수 있는 포용적이고 지원적인 작업 환경을 추구합니다. 그들은 종종 강한 윤리적 가치를 나타내며, 다양성과 지속 가능성을 촉진하며, 사회적 책임에 대한 약속을 보여주는 회사를 선호합니다.

【Think】 MZ세대가 원하는 조직문화는 이러한 측면들을 모두 충족시키는 환경이 필요할 것이다. 조직은 MZ세대의 가치를 이해하고 그들의 요구에 적극적으로 귀를 기울여 참여, 성장 및 목적의식을 촉진하는 환경을 조성하기 위해 조직 관행을 조정할 필요가 있다. 또한, 적극적인 성장을 지원하기 위해 지속적인 학습과 발전을 위한 교육 및 역량 개발 프로그램을 제공해야 한다. 이러한 환경을 조성한 조직은 MZ세대의 인재를 유치하고 유지할 수 있는 경쟁력을 확보할 수 있을 것이다.

【Fact】 마지막 질문은 MZ세대의 기대와 요구에 부응하는 조직문화 구축에 관한 질문이다. 필자가 원하는 것은 바로 세 번째 질문이다. 이렇게 하기 위해

서는 첫 번째 질문에서 ChatGPT로 하여금 MZ세대에 대한 정의를 제대로 하고 있는지 분석했다. 이후에 두 번째 질문에서 MZ세대가 원하는 조직문화를 학습하는 과정을 통해 비로소 MZ세대에 적합한 조직문화 구축 방법을 찾기 위한 질문을 한 것이다.

Q5) MZ세대의 기대와 요구에 부응하는 조직문화 구축 전략에 관해 설명해줘.

A) MZ세대는 기술을 활용하는 데 있어 유연하며, 사회적 가치에 대해 강한 관심을 보이는 것이 특징입니다. 이러한 특성에 맞게 조직문화를 구축하려면 다음과 같은 전략을 고려해볼 수 있습니다.

- 기술 활용 촉진 MZ세대는 디지털 기술에 익숙하며, 이를 일상 및 업무에 활용하는 데 있어 매우 효율적입니다. 따라서, 최신 기술 도구를 활용하여 업무를 보다 효율적으로 수행할 수 있는 환경을 제공하면 MZ세대의 재능을 최대로 발휘할 수 있습니다.
- 사회적 책임과 가치 중시 MZ세대는 기업의 사회적 책임과 가치에 많은 중요성을 부여합니다. 그들은 단순히 이윤을 추구하는 것이 아니라, 사회적 가치를 창출하고 지속할 수 있는 방식으로 사업을 운영하는 기업을 선호합니다. 따라서, 기업이 사회적 목표를 명확히 설정하고 이를 추구하는 조직문화를 구축해야 합니다.
- 피드백과 소통 강조 MZ세대는 피드백과 상호 소통에 큰 중요성을 둡니다. 그들은 자신의 의견이 존중받고, 개인의 업무 성과가 공정하게 평가되는 환경을 선호합니다. 따라서, 공정하고 투명한 피드백 시스템을 도입하고, 의사소통을 촉진하는 조직 문화를 구축하는 것이 중요합니다.
- 유연한 업무 환경 제공 MZ세대는 업무와 개인 생활 사이의 균형을 중요

하게 생각하며, 유연한 근무 환경을 선호합니다. 따라서, 원격 근무, 유연 근무 시간 등을 통해 업무 수행의 유연성을 높일 필요가 있습니다.

● **개인화 및 다양성 존중** MZ세대는 개인의 독특한 능력과 경험을 인정받으려는 강한 욕구가 있습니다. 이를 위해, 기업은 다양한 배경을 가진 사람들을 존중하고, 그들의 개성과 재능을 존중하는 조직 문화를 구축해야 합니다. inclusion(포괄성)과 diversity(다양성)를 실제로 실천하고, 다양한 이해관계자들의 의견을 존중하는 문화를 만들어 나가는 것이 중요합니다.

● **지속된 학습 및 개발 기회 제공** MZ세대는 지속적인 성장과 학습을 추구합니다. 그들은 자신의 역량을 개발하고 신기술을 배울 기회를 가치 있게 생각합니다. 따라서, 교육과 훈련을 통해 직원들의 개인적, 전문적 성장을 돕는 조직 문화를 구축해야 합니다.

● **목표 지향적 리더십** MZ세대는 명확한 목표를 설정하고, 그것을 달성하기 위해 노력하는 리더십 스타일을 선호합니다. 리더들이 명확하게 목표를 설정하고, 직원들이 그 목표를 달성할 수 있도록 지원하는 문화를 만드는 것이 중요합니다.

MZ세대의 특성을 이해하고 이를 바탕으로 한 조직 문화를 구축하면, 이 세대의 직원들이 더욱 활발하게 참여하고, 기업이 성공적으로 성장하는데 기여할 수 있습니다. 그러나 세대 간의 차이를 과도하게 강조하는 것은 반드시 피해야 합니다. 각 세대는 독특한 특성과 경험이 있지만, 결국 모든 직원은 존중과 기회의 평등, 그리고 자기 능력을 최대한 발휘할 수 있는 환경을 원합니다. 이러한 기본적인 요구를 충족시키는 것이 기업의 주요 목표여야 합니다.

【Think】 기업의 환경과 조직문화에 따라 ChatGPT가 제시한 솔루션이 기업이 당면한 문제에 대한 근본 해결책은 될 수 없다는 점을 고려해야 한다. 이는 각 기업이 MZ세대의 기대와 요구에 부응하는 조직문화를 구축할 때, 기업이 당면하게 되는 여러 가지 어려움들이 있기 때문이다. 세대 차이와 기대의 다양성으로 인해 기업은 기성세대와 MZ세대 간의 세대 차이를 메우는 데 어려움을 겪을 수 있다. 또한, MZ세대는 급속한 기술 발전과 함께 성장했으며 조직이 업무 프로세스에서 최신 기술을 활용하기를 기대할 수 있으므로, 기업은 새로운 기술을 채택하고 통합하며 직원을 교육하고 디지털 플랫폼으로 원활하게 전환하는 데도 시간이 필요할 것이다. 또한 MZ세대는 유연성과 일과 삶의 균형을 중시하기 때문에, 조직은 이러한 기대치 충족과 비즈니스 목표 달성 사이에서 균형을 유지해야 할 수 있다.

하지만, 기업은 MZ세대의 기대치를 충족하는 데 주력하면서 세대, 배경 및 관점을 넘어 다양성을 존중하는 포용적 문화를 유지해야 한다. 모든 직원을 위한 다양하고 포용적인 환경을 조성하면서 MZ세대의 특정 요구 사항의 균형을 맞추는 것은 어려운 일이 될 수 있다. 따라서, 이러한 문제를 극복하려면 모든 직원의 요구 사항을 존중하면서 MZ세대의 진화하는 기대와 요구 사항을 충족하기 위해 사전 예방적 접근 방식, 효과적인 커뮤니케이션, 협업 및 조직 관행을 조정하는 의지가 선행되어야 한다. 이러한 조치를 통해 ChatGPT가 제시한 솔루션이 기업에 맞는 조직문화 구축에 일조할 수 있을 것이다.

MZ세대의 기대와 요구에 부응하는 조직문화를 구축하기 위해 기업에서 해야 할 일은 MZ세대의 가치 및 선호도를 이해하고 명확한 목적과 사명 전달은 필수다. MZ 직원의 필요와 선호도를 수용하는 유연한 작업 배치를 제공해야 한다. 이처럼 다양한 관점이 존중되는 협업적이고 포용적인 업무 환경을 조성할 때 충분히 ChatGPT를 통해 기업이 원하는 방향으로 MZ세대의 기대와 요구에 부응하는 조직문화 구축을 할 수 있다고 확신한다. 그러나 이러한 전략을 도출하려면 기업은 큰 비용을 지불해야 할 것이다. 그러면 조직문화를 구축하는 과정에서 포기하거나 과거로 돌아가는 수많은 실패 사례를 경험하게 된다. 따라서, ChapGPT를 통해서 짧은 시간에 이 정도의 내용을 도출하고, 도출된 내용을 중심으로 기업에 맞게 MZ세대의 기대와 요구에 부응하는 조직문화 구축 전략을 수립하고 싶은 기업이 있다면 ChatGPT는 충분히 활용할 만한 가치가 있다고 생각한다.

홍규원 필레오코칭센터 대표로 인사 분야와 팀장 그룹코칭, 구성원 개인코칭을 진행했다. 현재 한국코치협회 KPC 인증코치로 활동하고 있으며, 숭실대학교 교육대학원에서 평생교육, HRD를 전공했다.

04

세대 간 리더십 스타일의 차이와 조화: ChatGPT 활용

| **홍규원** |

MZ세대는 X 세대와 베이비붐 세대의 리더십을 경험한 뒤 이제는 자신이 조직 리더가 되어야 하는데, 기존의 권위주의적 리더십과 자신만의 가치관 사이에서 타협점을 찾아야 하는 과제를 안고 있다. 이를 위해 MZ세대는 자신만의 리더십 스타일을 정립해야 하며, 팀원으로서 뛰어난 성과를 거두어 팀장으로 승진하면 임원과 실무자 간 원활한 소통을 위한 역량을 키워야 한다.

MZ세대가 기업에서 팀장으로의 역할을 수행할 때는 기존 세대와 협업하여 조화를 이루어 나가야 한다. 이를 위해 ChatGPT는 다음과 같은 솔루션을 제공할 수 있다.

첫째, 세대 간 리더십 스타일의 차이를 이해하고 존중한다. MZ세대와 기존 세대 간 리더십 스타일의 차이를 이해하고 서로의 가치관을 존중하는 것이 중요하다. 이를 위해 ChatGPT는 리더십 스타일에 대한 정보를 제공하고, 상호 간의 이해를 돕는 커뮤니케이션 훈련을 제공할 수 있다.

둘째, 세대 간 갈등을 최소화하는 방법을 찾는다. 세대 간 갈등은 조직의 성과를 저해할 수 있다. ChatGPT는 갈등 조정 및 해결 방법을 제시하고, 상호 간의 이해와 협력을 돕는 팀 빌딩 훈련을 제공할 수 있다.

셋째, 조화를 이루어 나가기 위한 합리적인 방법을 모색한다. MZ세대와 기존 세대 간의 조화를 이루어 나가는 것은 합리적인 방법을 모색해야 한다. ChatGPT는 상호 간의 이해를 돕는 커뮤니케이션 훈련 및 갈등 조정 방법을 제시하고, 팀 내의 역할 분담 및 협업 방법 등을 제안할 수 있다.

【Fact】 상기 내용에 대해 보다 상세하게 접근하기 위해 ChatGPT에 어떠한 질문을 하면 되는지 역으로 질문을 해보았다.

Q1) 아래 내용을 참고하여 기존 세대와 MZ세대 간 리더십 스타일의 차이와 조화를 이루기 위해 ChatGPT에 어떠한 질문을 하면 되는지 5개 뽑아줘.
A) 참고하신 내용을 바탕으로 MZ세대와 기존 세대의 리더십 스타일 차이와 조화를 위해 ChatGPT에 질문할 수 있는 것들은 다음과 같습니다.
- MZ세대와 X 세대, 베이비붐 세대의 리더십 스타일은 각각 어떠한 차이점이 있나요?
- MZ세대가 리더로서 권위주의적 리더십과 자신의 가치관 사이에서 타협점을 찾는 방법에는 어떤 것들이 있을까요?"

- MZ세대가 팀장으로 승진한 후, 임원과 실무자 간 원활한 소통을 위해 필요한 역량은 무엇이며, 이를 향상하려는 방법은 무엇일까요?
- MZ세대와 기존 세대 사이에서 발생할 수 있는 세대 간 갈등을 최소화하려면 어떻게 해야 할까요?
- MZ세대가 기존 세대와 함께 일하며 조화롭게 협업하려면 어떤 전략을 사용해야 할까요?

위의 질문 중에 "MZ세대와 X 세대, 베이비붐 세대의 리더십 스타일은 각각 어떠한 차이점이 있나요? 와 "MZ세대와 기존 세대 사이에서 발생할 수 있는 세대 간 갈등을 최소화하려면 어떻게 해야 할까요?"의 두개의 질문에 대해 후속 질문을 ChatGPT에 던져 보았다.

Q2) 아래의 질문에 대해 각각 설명해줘 "MZ세대와 X 세대, 베이비붐 세대의 리더십 스타일은 각각 어떠한 차이점이 있나요?"와 "MZ세대와 기존 세대 사이에서 발생할 수 있는 세대 간 갈등을 최소화하려면 어떻게 해야 할까요?"
A) 2개의 질문에 관한 내용은 아래와 같습니다.

1) MZ세대와 X 세대, 베이비붐 세대의 리더십 스타일은 각각 어떠한 차이점이 있나요?

- MZ세대 (밀레니얼 세대와 Z 세대) MZ세대는 팀워크를 중요하게 생각하며, 피드백과 소통을 매우 중요시합니다. 이들은 공유와 협업에 강한 성향을 보이고 있으며, 다양성과 포용성을 중요하게 생각합니다. 기술을 자유롭게 활용하여 효율성을 추구하며, 워크-라이프 밸런스에 높은 가치

를 두는 경향이 있습니다.

- **X 세대** X세대는 자율성과 효율성을 중요하게 생각합니다. 이들은 자신의 역할과 책임을 분명하게 이해하고 이를 충실히 수행하는 것에 대한 가치를 중요하게 생각합니다. X 세대는 리더가 결정을 내리는 것보다는 팀원들의 의견을 듣고 이를 바탕으로 결정하는 데 더 초점을 맞춥니다.

- **베이비붐 세대** 이들은 경험에 중점을 두며, 계급과 질서를 중요시하는 경향이 있습니다. 베이비붐 세대의 리더들은 일반적으로 명확한 지침과 기대치를 설정하며, 일의 완성과 성과를 높이는 데 집중합니다.

2) MZ세대와 기존 세대 사이에서 발생할 수 있는 세대 간 갈등을 최소화하려면 어떻게 해야 할까요?

- **소통 강화** 세대 간의 다양한 견해와 가치를 이해하려면 소통이 중요합니다. 서로의 관점을 이해하고 배우려는 노력이 필요합니다.

- **상호 존중** 세대 간 차이를 인정하고, 각 세대의 특성과 장점을 인정하며 상호 존중하는 문화를 조성해야 합니다.

- **다양성 허용** 다양한 세대의 장점을 인정하고, 그것들을 조직의 효율성과 성장을 위해 활용해야 합니다.

- **멘토링과 교육** 각 세대의 장점과 특성을 이해하고 이를 활용하기 위해 교육과 멘토링 프로그램이 유용할 수 있습니다. 다양한 세대의 직원들이 서로 학습하고 경험을 공유할 수 있도록 하는 것이 중요합니다.

- **유연성** 근무 시간, 장소, 방식 등에서 유연성을 허용함으로써 세대 간 갈등을 완화할 수 있습니다. 워크-라이프 밸런스를 중요시하는 MZ세대의 요구에 맞는 유연한 작업 환경을 제공하는 것이 필요합니다.

● 기술 활용 MZ세대는 디지털 기술에 익숙하므로, 이들의 능력을 활용하고 기존 세대에게도 이러한 기술을 학습하게 함으로써 서로가 더 효과적으로 소통하고 협력할 수 있도록 할 수 있습니다.

세대 간의 차이를 이해하고 존중하는 것은 팀의 다양성을 증진하고, 이는 조직의 창의성, 혁신성, 그리고 성장 가능성을 높일 수 있습니다. 각 세대의 특성을 이해하고 이를 최대한 활용하려는 노력이 필요합니다.

【Think】ChatGPT의 활용에 있어서 중요한 것은 응답 내용에 대한 분석과 적절한 후속 질문에 있다. 위의 응답 내용 중에서 "상호 존중: 세대 간 차이를 인정하고, 각 세대의 특성과 장점을 인정하며 상호 존중하는 문화를 조성해야 합니다."를 캡쳐해서 질문해 보면 아래와 같다.

Q3) MZ세대와 기존 세대 사이에서 발생할 수 있는 세대 간 갈등을 최소화하기 위해 상호 존중을 통해 세대 간 차이를 인정하고, 각 세대의 특성과 장점을 인정하며 상호 존중하는 문화를 조성하는 방법에 관해 설명해줘.
A) 상호 존중을 통해 세대 간 갈등을 최소화하는 방법을 위해서는 다음과 같은 과정을 고려할 수 있습니다.

● 세대 간 차이점 인식 먼저, 모든 직원이 세대 간의 차이점을 이해하고 인식하는 것이 중요합니다. 이는 교육 및 워크숍을 통해 가능하며, 각 세대의 특성, 가치, 경험, 기대 등에 대해 배우고 이해할 기회를 제공해야 합니다.

● 차이점을 존중하고 인정하기 다음 단계는 서로의 차이를 존중하고 인정

하는 것입니다. 각 세대가 가지는 다양한 가치와 장점을 이해하고 존중하면, 갈등을 줄이고 협력적인 환경을 만드는 데 도움이 됩니다.

- **다양한 세대의 의견 및 통찰력 활용** 팀의 결정과 계획에 다양한 세대의 의견과 통찰력을 포함함으로써, 세대 간의 존중과 이해를 증진할 수 있습니다. 이는 팀원들이 자신의 의견이 중요하다고 느끼게 하며, 다른 세대의 견해와 경험을 이해하는 데 도움이 됩니다.

- **포용적인 문화 조성** 마지막으로, 상호 존중하는 문화를 조성하기 위해 리더들이 모범을 보여야 합니다. 이는 세대 간 차이를 존중하고 팀의 다양성을 인정하는 태도를 보여주는 것을 포함합니다. 또한, 모든 직원이 의견을 자유롭게 표현하고 기여할 수 있도록 하는 안전한 환경을 조성하는 것이 중요합니다.

이런 방법들이 서로 간의 존중과 이해를 촉진하며, 세대 간 갈등을 최소화하고 팀의 협업과 효율성을 향상하는 데 도움이 될 수 있습니다.

【Think】ChatGPT의 활용은 기업 내 의사소통 문제를 해결하는 데 더 큰 역할을 할 수 있다. 이를 위해, ChatGPT를 사용하여 질문을 역으로 물어보고, 관심사에 관한 질문과 캡쳐 질문을 통해 더 많은 정보를 수집하고 원하는 응답을 끌어낼 수 있었다. ChatGPT를 활용하면 인적자원 부족 문제를 해결하는 것도 가능하고, 새로운 제품을 개발하거나, 기업의 경쟁력을 강화하는 것도 가능하다.

ChatGPT를 활용하여 조직문화 구축 전략에서도 강조했지만, 이러한 솔루션을 제공하는 것에는 한계가 있을 수 있다. 그러나, ChatGPT를 활용하여 기업에 맞는 전략을 수립하고, 다양한 솔루션을 제공하기에 ChatGPT는 상상 이상으로 탁월하다는 것을 경험하게 될 것이다.

ChatGPT를 활용하여 기업에 가치를 제공하는 것은 매우 중요해 보인다. ChatGPT를 활용하여 더 많은 정보를 수집하고, 새로운 아이디어를 제시하여 기업의 경쟁력을 강화하고, 다양한 전략을 수립함으로써 더 나은 결과를 도출할 수 있길 바란다.

홍규원   필레오코칭센터 대표로 인사 분야와 팀장 그룹코칭, 구성원 개인코칭을 진행했다. 현재 한국코치협회 KPC 인증코치로 활동하고 있으며, 숭실대학교 교육대학원에서 평생교육, HRD를 전공했다.

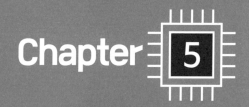

Chapter 5

ChatGPT와 HR 혁신: 현재와 미래의 가능성

01

HR 분야에서의 ChatGPT 활용: 윤리적 가이드라인

| 하기태 |

윤리적 가이드라인의 필요성

인공지능(AI) 챗봇인 ChatGPT와 같은 기술을 HR 분야에 도입하려는 기업들이 늘어나고 있다. 이는 업무 프로세스의 효율성을 높이고, 일부 경우에서는 객관적인 판단을 가능하게 하며, 다양한 HR 업무를 자동화할 수 있기 때문이다. 그러나 이러한 도구의 도입은 또한 윤리적인 고려사항을 수반한다. 이에 따라 ChatGPT를 HR 분야에 활용 시 윤리적 가이드라인 정립의 필요성이 대두되고 있다.

먼저, AI를 HR 분야에 도입하는 이유와 그 장점에 대해 알아보고자 한다. AI를 활용하면 업무 프로세스를 자동화하여, 직원들이 할 일이 줄어들고 업무 시간을 줄일 수 있다. 또한, AI가 판단하는 기준은 일관적이고 객관적이므로,

일부 업무에서는 인간의 주관적인 판단을 배제하고 정확한 판단을 가능하게 한다. 예를 들어, 채용과 성과평가과정에서 AI를 활용하면, 인간의 주관적인 요소를 배제하고, 공정하고 객관적인 판단을 할 수 있다. 따라서, AI를 활용하면 HR 분야에서 업무 프로세스의 효율성을 높일 수 있다.

그러나, AI를 HR 분야에 도입하는 것은 일정 부분에서 위험이 따른다. 이를 고려하여, AI 도입 시 고려해야 할 윤리적인 고려사항은 아래와 같다.

첫째, 공정성과 편향에 대한 이슈가 있다. AI가 채용과 성과평가 과정에서 불공정한 편향을 만들어낼 수 있다. 이는 AI가 사용하는 알고리즘이 과거 데이터를 기반으로 학습되기 때문에, 데이터 자체가 편향되어 있으면 AI의 판단도 편향될 수 있기 때문이다. 따라서 AI의 학습과 사용 과정에서 공정하게 이루어져야 하며, 주기적인 검토가 필요하다.

둘째, 데이터 프라이버시와 보안에 대한 문제가 있다. AI 챗봇은 사용자의 데이터를 수집, 분석, 저장한다. 이는 개인 정보의 노출 또는 부적절한 사용으로 이어질 수 있으므로, 사용자의 개인 정보를 보호하는 것은 매우 중요하다. 따라서 AI가 처리하는 모든 데이터는 적절하게 보호되어야 하며, 사용자의 개인 정보를 보호하기 위한 철저한 규정이 필요하다.

셋째, 인간의 감독 없는 AI의 결정력이 확대될 때 대한 우려가 있다. AI가 공정하게 훈련되고 있음에도 불구하고, 완벽하게 편향을 배제하거나, 인간의 감정을 완벽히 이해하거나 해석하는 것은 아직 어렵다. 따라서 AI의 결정은 항상 인간 HR 전문가에 의해 검토되고 재평가되어야 한다.

AI를 HR 분야에 도입할 때는, 윤리적인 사항을 고려하여야 충분히 고려해야 한다. 이를 위해, 윤리적 가이드라인을 정립하고, 이를 준수해야 한다. 윤리적 가이드라인은 AI의 이점을 최대화하고 동시에 잠재적 위험을 최소화하는 데 중요한 역할을 한다. 윤리적 가이드라인은 투명성, 공정성, 개인 정보 보호, 인간의 감독 등을 포함하여, AI의 이점을 최대화하고 동시에 잠재적 위험을 최소화하는 데 중요한 역할을 한다.

더 나아가, 윤리적 가이드라인을 준수하는 것은 새로운 기술에 대한 신뢰를 구축하는 데도 중요한 역할을 한다. 직원들이 AI의 판단 과정을 이해하고, 자신의 데이터가 안전하게 보호되고, AI의 판단이 공정하다는 것을 알면, 그들은 이러한 도구를 더욱 적극적으로 활용하게 될 것이다. 이는 결국 기업의 전반적인 생산성과 효율성을 향상시키는 데 기여할 것이다.

ChatGPT를 활용한 HR 분야의 윤리적 가이드라인

HR 분야에서 ChatGPT와 같은 AI를 활용하려는 기업은, 윤리적 가이드라인을 철저히 준수하는 것이 중요하다. 이는 기업의 인사 관리가 공정하고 투명하게 이루어지는 것을 보장하며, 동시에 직원들의 권리와 프라이버시를 보호하고, 기업 내부에서의 AI 사용에 대한 신뢰를 높이는 데 큰 도움이 되기 때문이다.

아래 질문은 HR 분야에서 생성형 AI를 활용할 때 고려해야 할 윤리적인 사항에 대해 ChatGPT를 참고하여 작성한 내용이다.

Q1) ChatGPT와 같은 AI가 도입됨에 따라 HR 역할이 변화하게 되는데, 이런 변화에 따른 윤리적 고려 사항은?
A) AI를 인사 부문에 도입하면 많은 장점이 있지만, 여러 윤리적 고려 사항도 있습니다. 다음은 몇 가지 주요 사항들입니다.

- 개인 정보 보호 AI 시스템은 종종 대량의 개인 데이터를 수집하고 분석합니다. 이는 고객뿐만 아니라 직원의 개인 정보 보호 문제를 일으킬 수 있습니다. 적절한 데이터 보호 기준을 준수하는 것이 중요합니다.
- 공정성과 편향 AI 모델은 제공된 데이터에 기반하여 결정을 내립니다. 따라서 사용된 데이터가 편향되어 있으면, AI가 내린 결정도 편향될 수 있습니다. 이는 인종, 성별, 연령, 종교 등과 관련된 차별을 초래할 수 있습니다.
- 투명성과 설명 가능성 AI 시스템의 동작 방식이 복잡하고 불투명할 때, AI가 내린 결정에 대한 신뢰성이 떨어질 수 있습니다. 투명성과 설명 가능성은 채용, 승진, 해고 등의 중요한 결정을 내리는 데 있어 매우 중요합니다.
- 직업의 변화와 일자리 손실 AI가 HR 업무의 일부를 자동화함으로써 일자리가 줄어들 수 있습니다. 이에 대한 고려는 윤리적이며, 필요한 교육과 재교육을 제공하여 직원이 이러한 변화를 관리할 수 있도록 도와야 합니다.
- 인간의 역할 AI가 결정을 내리는 과정에서 인간의 역할이 축소될 수 있습니다. 그러나 중요한 인사 관련 결정은 여전히 인간의 판단력이 필요합

니다. AI는 도구로서 사용되어야 하며, 최종적인 의사 결정은 인간이 해야 합니다.

이러한 윤리적 고려 사항들은 AI 기술의 발전과 동시에 진화하고, 해당 기술이 조직 내에서 어떻게 사용되는지에 따라 달라질 것입니다. 그러므로, 기업은 자신들의 인사 관리에 AI를 어떻게 통합할 것인지, 그리고 이에 따른 윤리적 결과를 어떻게 관리할 것인지에 대해 심도 있는 생각을 해야 합니다.

【Think】 인사 부문에서 인공지능의 도입은 개인 정보 보호, 편향성, 투명성, 일자리 변화, 그리고 인간의 역할 등에 대한 윤리적 고려 사항은 사전에 충분한 고민할 필요가 있다. 특히 개인 정보 보호는 AI가 처리하는 대량의 개인 데이터 때문에 중요하며, 사용된 데이터의 편향성은 AI의 결정에 영향을 미칠 수 있기 때문이다. 그리고 AI의 도입으로 일자리가 변화하거나 손실될 수 있으므로, 이를 대비한 적절한 대응 전략도 필요하다. 마지막으로, AI가 인사 결정을 돕지만, 결국 그 결정에 대한 최종 판단은 여전히 인간에게 있다는 점을 인지해야 할 것이다.

Q2) ChatGPT를 사용하여 채용 과정에서 고려해야 할 윤리적 문제는 무엇인가?
A) ChatGPT와 같은 AI를 채용 과정에서 사용할 때 고려해야 할 윤리적 문제는 몇 가지 있습니다.

- **데이터 프라이버시** AI는 대량의 개인 정보를 처리하므로, 취업 지원자의 개인 정보를 적절히 보호하고 관리하는 것이 중요합니다. GDPR^{General Data Protection Regulation}와 같은 개인 정보 보호 규정을 준수하는 것이 필요합니다.

- 편향성 AI는 학습 데이터에 기반한 판단을 내리기 때문에, 편향된 데이터는 편향된 결과를 초래할 수 있습니다. 즉, 인종, 성별, 연령 등에 따라 차별이 발생할 수 있습니다. 이를 예방하려면 AI의 학습 데이터와 알고리즘에 대한 주의가 필요합니다.
- 투명성 AI의 판단 과정이 투명해야 합니다. 채용 결정에 대한 설명 가능성은 신뢰성을 높이고, 법적 문제를 예방하는 데 중요합니다.
- 인간의 개입 AI는 최종적인 결정을 내리는 데 있어 유용한 도구일 뿐입니다. 인간의 판단력이 필요한 상황에서는 AI의 결정을 무조건적으로 따르는 것이 아니라, 인간이 그 결정을 검토하고 필요한 경우 조정해야 합니다.

이러한 문제들은 AI를 채용 과정에 도입하기 전에 충분히 고려하고 대비해야 합니다. 그렇게 함으로써 기업은 공정하고 효율적인 채용 과정을 유지할 수 있을 것입니다.

【THINK】 인공지능, 특히 ChatGPT 같은 모델을 채용 과정에 활용할 때는 데이터 프라이버시, 편향성, 투명성, 그리고 인간의 개입 등에 대한 윤리적 측면의 접근은 매우 신중할 필요가 있다. AI의 판단 과정에 대한 투명성은 신뢰성을 확보하고 법적 문제를 예방하는 데 중요하다. 또한, 중요한 채용 결정에 대해서는 인간의 판단력과 검토는 필수이다. 이러한 윤리적 요소를 충분히 고려하고 대비하는 것이 공정하고 효율적인 채용 과정을 유지할 수 있는 핵심이다.

Q3) 생성형 AI를 활용하여 성과를 평가하거나 관리할 때, 고려해야 할 윤리적 가이드라인은?

A) 생성형 AI를 성과 평가나 관리에 활용할 때는 다음과 같은 윤리적 가이드 라인을 고려해야 합니다.

- **데이터 보호** 성과 평가는 종종 민감한 개인 데이터를 포함하므로, 이를 적절히 보호하고 관리해야 합니다.
- **편향성 방지** AI는 그 학습 데이터에 기반하여 결정을 내립니다. 데이터 가 편향되어 있으면, AI가 내린 결정도 편향될 수 있습니다. 이를 통해 차 별이 발생할 수 있으므로, 편향성을 방지하는 데 주의해야 합니다.
- **투명성과 설명 가능성** AI의 결정 과정이 투명하고, 그 결정을 설명할 수 있어야 합니다. 이는 성과 평가의 공정성을 유지하고, 직원들의 신뢰를 얻 는 데 중요합니다.
- **인간의 판단력** AI는 성과 평가를 지원하는 도구일 뿐이며, 그 결정에 대 한 최종 판단은 인간이 내려야 합니다. 복잡한 인간의 행동과 성과를 평 가하는 데는 여전히 인간의 판단력이 필요합니다.
- **피드백 및 학습 기회 제공** AI를 통해 성과를 평가하거나 관리할 때는, 직 원들에게 그 결과에 대한 충분한 피드백과 학습 기회를 제공해야 합니 다. 이는 직원의 개발과 성장을 지원하는 데 중요합니다.

이러한 가이드라인은 AI의 사용을 책임 있게 하고, 그 결과를 신뢰할 수 있게 하는 데 중요합니다. AI는 기업의 성과 평가와 관리를 돕는 중요한 도구가 될 수 있지만, 적절한 윤리적 고려 사항 없이는 문제를 일으킬 수 있습니다.

【Think】 생성형 AI를 성과 평가나 관리에 사용할 때는 특히 투명성과 피드백 에 대해 구체적인 가이드라인을 반드시 고려해야 한다. 이는 성과 평가 과정에

필요한 민감한 데이터 편향을 방지함으로써 공정한 결정을 할 수 있기 때문이다. 다시 말해 그 결정 과정이 투명하고 설명할 수 있어야 함을 의미한다. 이런 윤리적 가이드라인을 따르는 것은 AI의 사용을 책임 있게 관리하고, 그 결과를 신뢰하게 하는 데 있어서 매우 중요한 과정이다.

Q4) HR에 ChatGPT를 도입할 때, 직원들의 기술적 역량 또는 디지털 소외에 대한 윤리적 고려 사항은 무엇인가?

A) ChatGPT와 같은 AI를 HR에 도입할 때, 직원들의 기술적 역량과 디지털 소외에 대해 고려해야 하는 주요 윤리적 사항은 다음과 같습니다:

- **기술적 역량의 불균형** 모든 직원이 같은 기술적 역량을 갖추고 있지 않을 수 있습니다. 일부 직원은 AI와 같은 새로운 기술에 적응하고 이해하는 데 어려움을 겪을 수 있습니다. 이를 해결하기 위해 적절한 교육과 지원이 필요합니다.

- **디지털 소외** 디지털 기술에 접근할 수 없는 직원들은 AI 도입으로 인해 정보 접근이 제한될 수 있습니다. 모든 직원이 같은 정보와 기회를 얻을 수 있도록 하는 것이 중요합니다.

- **기술에 대한 투명성** 직원들은 AI가 어떻게 작동하는지, 그리고 그것이 어떻게 그들의 업무에 영향을 미치는지 이해해야 합니다. 그렇지 않으면, 불안과 불신이 발생할 수 있습니다.

- **기술 도입의 영향** AI 도입은 직원의 업무수행 방식을 바꿀 수 있습니다. 이런 변화는 공정하게 관리되어야 하며, 필요한 경우에는 적절한 교육과 지원이 제공되어야 합니다.

이러한 사항들은 AI를 HR에 도입하기 전에 충분히 고려하고 대비해야 합니다. 그렇게 함으로써 조직은 직원들 사이에서 디지털 소외를 방지할 수 있을 것입니다.

【Think】AI를 HR에 도입할 때는 직원들의 기술적 역량과 디지털 소외에 대한 윤리적 접근에 대해서도 놓쳐서는 안 될 중요한 이슈다. 이는 직원 간 기술적 역량의 불균형을 고려하여 적절한 교육과 지원을 제공하며, 모든 직원이 정보와 기회에 공정하게 접근할 수 있도록 하는 것을 말한다. 또한, AI의 작동 방식과 그 영향에 대한 투명성을 유지하여 직원들의 불안과 불신을 방지하고, 기술 도입으로 인한 업무 변화를 공정하게 관리하면서 필요한 교육과 지원을 제공하는 것은 조직 몰입도를 유지하는 데 있어서 매우 중요하다. 모든 직원이 새로운 기술에 적응하고 활용할 수 있도록 지원하고, 디지털 소외를 방지할 수 있는 대비책도 반드시 마련해 두어야 한다.

HR 분야에 ChatGPT의 도입은 다양한 윤리적 고려사항이 필요하며, 이에 대응하기 위한 명확한 전략이 요구된다. 개인 정보 보호, 데이터의 편향성, AI의 투명성, 일자리 변화 대비, 그리고 인간의 최종 판단 역할에 대한 인식은 있어야 한다. AI의 작동 방식과 그 영향력에 대한 충분한 교육을 통해 직원들의 불안감과 불신을 줄이는 것은 당연히 필수로 해야 한다.

특히, ChatGPT와 같은 생성형 AI를 성과 평가나 관리에 활용할 경우, 성과 평가 과정의 투명성과 피드백은 매우 중요하다. 이는 민감한 데이터를 공정하게 처리하고, 결과에 대한 신뢰성을 확보하기 위한 필수적인 절차이기 때문이다.

마지막으로, AI를 HR에 도입하면서 직원들의 기술적 역량과 디지털 소외 문제를 무시할 수 없다. 기술적 역량에 대한 불균형은 교육과 지원을 통해 해결할 수 있으며, 모든 직원이 동등하게 정보와 기회에 접근할 수 있도록 하는 것이 중요하다. AI 도입에 따른 업무 변화는 직원들에게 충분히 소통되고, 필요한 교육과 지원이 제공되어야 한다. 이런 접근을 통해 조직 전체가 새로운 기술에 적응하고 활용하여 조직의 목표를 달성 있을 것이다. 생성형 AI를 통한 HR 혁신의 방향이기도 하다.

하기태   현재 JOB CENTER 대표. 롯데백화점 매니저, 롯데카드 상무로 인사, 마케팅, 영업, 준법 업무 담당. 롯데 피에스넷 대표, 도시공유 플랫폼 부사장 역임.

도구적 인간의 책임: AI 언어모델과 윤리적 실천

| 박동국 |

ChatGPT는 인간의 창조적인 영역에 진입한 생성 AI로, 새로운 혁신을 끌고 있다. 이 AI 언어모델은 문서 생성, 질문 응답, 번역, 텍스트 요약 등 다양한 작업을 지원하여 인간의 일의 효율성을 향상시킨다. 또한 인류의 미래를 변화시킬 핵심 기술로 평가받으며, 다양한 플랫폼과 언론에서도 관심을 받고 있다.

생성형 AI 언어모델이 인류의 윤리적인 문제를 안고 있다는 것은 분명하다. 이러한 언어모델은 호모 파베르Homo Faber의 관점에서 도구를 사용하는 인류의 윤리적인 문제를 포함하고 있다. 호모 파베르는 도구적 인간을 뜻하는 용어로, 인간의 본질을 도구를 제작하고 사용함으로써 인류가 성장한다는 관점으로 바라보는 인간관이다. 인간은 유형, 무형의 도구를 만들어 내는 능력을 갖추고 있으며, 이를 통해 자기 자신도 만들어 가고 있다고 생각한다. 그러나 인간이 만들어 온 도구들은 살상 무기와 같이 이를 사용하는 방법에 따라서 윤리적 실천이 필요하다.

ChatGPT와 같은 AI를 사용하는 사람들은 해당 기술을 사용함으로써 야기될 수 있는 윤리적 문제들을 고려해야 한다. 인류는 수천 년간 도구를 만들어 왔으며, 이를 통해 진보해 왔다. 그러나 이러한 도구들을 사용하면서 살상 무기로 사용하는 등 도구를 어떻게 사용하느냐는 도구의 문제가 아니라 그 도구를 사용하는 사람의 몫이다. 따라서, ChatGPT와 같은 AI를 사용하게 될 때 해당 기술을 어떻게 사용할지를 고민하고, 윤리적인 측면을 고려하여 적절한 사용을 해야 한다는 것을 인지해야 한다.

프라이버시 문제

AI 시스템은 민감한 데이터를 저장하거나 처리하여 실수로 사용자 개인 정보를 손상시킬 수 있다. 이러한 문제를 방지하기 위해서는 강력한 보안 프로토콜이 필요하다. 보안 프로토콜은 사용자 정보를 불법적으로 액세스하거나 악용하는 것을 방지한다.

ChatGPT는 인공지능 챗봇으로, 대화 형식으로 상호 작용하는 기능을 갖추고 있다. 그러나 ChatGPT가 사용자와의 상호 작용을 위해 정보를 수집하고, 이를 기반으로 계속하여 학습하고 발전하는 과정에서 프라이버시와 관련된 몇 가지 문제가 제기되었다. 이러한 문제를 해결하기 위해서는 다음과 같은 대책이 필요하다.

첫째로, ChatGPT는 사용자가 입력한 정보를 수집하여 대화를 생성하여 응답한다. 이 과정에서 사용자의 개인 정보나 민감한 정보가 수집될 수 있으며, 이러한 정보가 불안전하게 처리될 때 개인의 프라이버시가 침해될 수 있다. 이를 방지하기 위해서는 사용자 정보를 수집할 때, 사용자에게 명확한 동의를 구하고, 수집된 정보를 안전하게 저장하고 처리해야 한다.

둘째로, ChatGPT는 온라인에서 정보를 스크랩하고 사용자 상호 작용을 기반으로 지속해서 학습한다. 이는 사용자의 대화 내용이 계속해서 저장되고 분석됨을 의미한다. 이러한 데이터의 저장과 분석은 개인 정보 보호와 관련된 법적 요건을 충족해야 한다. 또한, 데이터의 저장과 보안에 대한 적절한 대책을 마련하지 않을 경우, 해킹이나 데이터 유출 등의 위험에 노출될 수 있다. 이를 방지하기 위해서는 데이터 보안 및 개인 정보 보호를 위한 강력한 조치를 구현하고, 사용자 정보를 불법적으로 액세스하거나 악용하는 것을 방지해야 한다.

셋째로, ChatGPT의 학습 데이터에는 사용자로부터 입력된 내용이 포함될 수 있다. 이러한 데이터는 훈련 과정에서 사용되며, 때에 따라 사용자의 신원이나 개인 정보를 파악할 수 있는 정보가 노출될 수 있다. 이는 사용자의 익명성과 프라이버시에 대한 우려를 일으킬 수 있다. 이를 방지하기 위해서는 학습 데이터를 적절하게 처리하고, 사용자 정보를 보호하는 조치를 마련해야 한다.

또한, ChatGPT의 학습 데이터는 다양한 소스에서 수집될 수 있으며, 이에 따라 사용자의 대화 내용이 불특정 다수에게 노출될 수 있다. 이는 개인의 프라이버시를 침해하거나 악용될 우려가 있다. 이를 방지하기 위해서는 데이터를 안전하게 저장하고, 데이터 유출 등의 위험에 대비하는 대책을 마련해야 한다. 프라이버시와 관련된 이러한 문제들은 ChatGPT를 개발하고 운영하는 기업 또는 개발자들이 적절한 보안 및 개인 정보 보호 대책을 마련하고 이를 준수해야 함을 강조한다. 또한, 사용자 역시 개인 정보를 제공하거나 민감한 정보를 공유하기 전에 해당 챗봇이 적절한 보안 및 개인 정보 처리 정책을 갖추고 있는지 확인하는 것이 중요하다. 이를 위해서는 사용자에게 보안 및 개인 정보 처리 정책을 명확하게 안내하고, 사용자의 동의를 구하는 것이 필요하다.

솔루션 강력한 데이터 보안 및 개인 정보 보호 조치를 구현하여 사용자 정보를 보호해야 한다. 수집되는 데이터와 사용 방법에 대해 사용자에게 명확하게 알려야 한다. 정기적인 데이터 감사는 또한 개인 정보 보호 준수를 보장하는 데 도움이 될 수 있다. 더불어, ChatGPT 개발자들은 사용자 정보를 안전하게 처리하고, 프라이버시와 관련된 문제를 미리 예방하기 위해 노력해야 할 것이다.

결과의 투명성 문제

AI의 의사 결정 프로세스는 불투명하여 책임 문제로 이어질 수 있다. 사용자는 AI가 어떻게 결론을 내리거나 특정 응답을 제공하는지 이해하지 못할 수 있다.

ChatGPT 사용에 따른 윤리적 문제 중 투명성과 관련된 문제에 대해 알아보겠다. 투명성은 인공지능 시스템이 어떻게 작동하고 응답을 생성하는지에 대한 이해 가능성과 공개성을 의미한다.

첫째로, ChatGPT는 강화학습^{Reinforcement Learning, RL}을 통해 학습된다. RL 훈련 과정에서는 현재 진리의 소스가 없으므로, 모델이 생성한 응답이 정확한지 판단하기 어렵다. 이러면 모델이 어떤 데이터를 기반으로 응답을 생성했는지, 어떤 의사 결정 과정을 거쳤는지에 대한 자세한 설명이 필요할 것이다.

둘째로, 모델을 더 조심하게 훈련하면 정확한 답변이 가능한 질문조차 거부하는 경우가 발생할 수 있다. 이는 투명성에 영향을 미칠 수 있으며, 사용자들이 모델의 응답이 언제 신뢰할 수 있는지 파악하기 어렵게 만들 수 있다. 따라서 모델의 의사 결정 프로세스를 더욱 투명하게 만들려는 방법을 모색해야 할 것이다.

셋째로, 지도학습^{Supervised Learning}을 통한 훈련은 모델을 혼동시킬 수 있다. 모델은 인간의 데모에 기반하여 학습하므로, 모델이 알고 있는 내용에 따라 이상적인 답변이 달라질 수 있다. 이는 투명성을 해칠 수 있는 요인 중 하나이다. 이러한 문제를 해결하기 위해서는 더 많은 데이터를 확보하고, 모델을 더욱 다양한 측면에서 학습시켜야 할 것이다.

또한, ChatGPT의 용량 문제가 투명성과 관련된 문제로 언급되었다. ChatGPT는 대량의 트래픽으로 인해 용량 문제를 해결해야 했으며, 이는 투명성과 관련된 이슈로 언급될 수 있다. 이러한 문제를 해결하기 위해서는 더욱 효율적인 알고리즘을 개발하고, 모델의 용량을 줄일 방법을 모색해야 할 것이다.

ChatGPT의 투명성 문제를 해결하기 위해서는 더 나은 데이터 공개, 의사 결정 과정의 설명, 모델의 작동 방식의 명확한 이해 등의 조치가 필요할 수 있다. 이를 통해 사용자들은 모델이 어떻게 작동하는지 이해할 수 있고, 모델의 응답에 대한 신뢰도를 높일 수 있을 것이다.

솔루션 AI 시스템을 더욱 투명하게 만들기 위해 XAI^{Explainable AI: 설명 가능한 인공지능} 분야에서 더 많은 연구가 수행되어야 한다. 개발자는 모델 작동 방식과 제한 사항에 대한 일반적인 지침도 제공할 수 있어야 할 것이다. 이러한 노력을 통해 AI 기술의 발전과 더불어, AI의 윤리적 문제들도 더욱 효과적으로 해결할 수 있을 것이다.

편향 및 공정성 문제

AI 모델은 훈련 데이터에 존재하는 사회적 편향을 반영하거나 증폭시킬 수 있다. 이는 특히 민감한 영역에서 불공평한 결과를 초래할 수 있다. 그러나 이러한 문제점을 해결하기 위해서는 다양한 조치가 필요하다.

ChatGPT는 대화형 인공지능 챗봇으로, 훈련 데이터에 기반하여 응답을 생성한다. 그러나 ChatGPT의 훈련 과정에서 편향성 및 공정성과 관련된 몇 가지 문제가 제기되었다. 이러한 문제점을 해결하기 위해서는 ChatGPT의 훈련 데이터에 대한 다양성과 사용자의 다양한 의견과 관점을 반영하는 것이 중요하다.

먼저, ChatGPT는 사용자와의 상호 작용을 통해 지속해서 학습한다. 따라서 훈련 데이터에 포함된 편향된 정보나 성별, 인종 등과 관련된 편견이 모델에 반영될 수 있다. 이는 모델의 응답에 편향이 존재할 수 있음을 의미하며, 사용자에게 공정하고 중립적인 응답을 제공하는 데 어려움을 줄 수 있다. 이러한 문제를 해결하기 위해서는 훈련 데이터의 다양성을 보장하고 편향을 최소화하는 데 중점을 둘 필요가 있다.

둘째로, ChatGPT는 대량의 온라인 데이터를 기반으로 학습된다. 이는 인터넷상에서 존재하는 다양한 의견과 관점을 반영할 수 있지만, 동시에 특정 집단이나 의견에 치우친 데이터가 모델에 반영될 수 있다. 이는 응답의 공정성과 다양성에 영향을 미칠 수 있다. 이러한 문제를 해결하기 위해서는 훈련 데이터의 다양성을 보장하고 사용자의 다양한 의견과 관점을 반영하는 것이 중요하다.

마지막으로 인공지능 챗봇은 정치적이거나 민감한 주제와 관련된 질문에 대해서는 중립적인 응답을 제공해야 한다. 그러나 특정 질문 혹은 문장 구성 방법을 통해 모델의 답변을 조작하여 편향된 응답을 유도하는 경우가 있을 수 있다. 이는 모델의 공정성과 중립성을 위협할 수 있는 문제이다. 이러한 문제를 해결하기 위해서는 모델의 응답에 대한 감독 및 검토 과정을 도입하여 공정성과 중립성을 확보하는 것이 중요하다.

ChatGPT와 같은 대화형 인공지능 챗봇을 사용할 때는 편향성과 공정성에 관련된 문제를 인식하고, 이를 해결하려는 조치를 적극적으로 추진해야 한다. 이러한 노력은 모델의 응답의 공정성과 다양성을 높이는 데 큰 역할을 할 것이다.

솔루션 모델 설계 및 학습 단계에서 공정성 원칙을 통합한다. 또한 학습 과정에서 학습 데이터의 편향을 식별하고 완화하기 위해 적극적으로 노력해야 한다. 지속적인 모니터링을 통해 의도하지 않은 편견을 감지하고 수정하는 데 도움이 될 수 있다.

AI에 대한 의존도 증가

AI에 대한 지나친 의존은 인간의 판단과 기술 개발을 소홀히 할 수 있다는 문제점이 지적되고 있다. 이러한 문제를 해결하기 위해서는 다양한 조치가 필요하다.

첫째로, 개인의 판단력과 능력을 향상하기 위해 교육과 정보 제공이 필요하다. 인간들이 AI에 의존하여 의사결정을 내릴 때, 자신의 판단을 충분히 고려하지 않고 AI의 응답을 받아들이는 경향이 생길 수 있다. 이러한 경향은 개인의 자율성과 책임성에 영향을 미칠 수 있으며, 개인의 독립적인 판단과 의견 형성 능력을 약화시킬 수 있다. 따라서, AI를 올바르게 이해하고 사용하는 능력을 개인들이 갖추도록 하는 것이 중요하다.

둘째로, AI 시스템의 결함이나 오류에 대한 책임을 희석하는 문제도 지적되고 있다. AI 시스템은 훈련 데이터와 알고리즘에 기반하여 작동하며, 이는 시스템의 한계와 편향성을 가질 수 있다. 그러나 AI에 대한 지나친 의존으로 인해 개인들은 시스템의 결함이나 오류를 간과하거나 책임을 의식을 갖지 않을 수 있다. 이러한 문제를 해결하기 위해서는 AI 기술의 개발과 적용에 대한 윤리적인 가이드라인과 규제가 필요하다.

마지막으로, AI 기술의 남용이나 악용에 이어질 수 있는 위험도 지적되고 있다. AI 기술은 범죄 행위에 사용되거나 개인 정보 유출 등의 문제를 일으킬 수 있다. AI에 대한 지나친 의존은 이러한 위험을 더욱 증가시킬 수 있으며, 이에 대한 적절한 규제와 사용자의 인식이 필요하다.

편집자들은 이러한 윤리적 문제에 대해 주의를 기울이고 있으며, AI 기술의 발전과 함께 이러한 문제들을 해결하기 위한 노력이 계속되고 있다. 따라서, AI에 대한 지나친 의존에 대한 문제점을 인식하고, 이를 해결하기 위해 노력해야 한다.

솔루션 AI는 인간의 능력을 대체하기보다는 보완하는 도구로 사용되어야 한다. AI를 이용하여 복잡한 계산이나 반복적인 작업을 수행하면 인간이 시간과 에너지를 절약할 수 있다. 또한, AI가 인간의 능력을 보완하면서도, 그 한계가 있으므로, 인간의 창의성과 직관력이 필요한 작업은 여전히 인간의 역량에 맡겨져야 한다. 이러한 이유로, AI의 이점과 한계를 대중에게 교육하고, AI를 적극적으로 활용하기 위한 교육이 중요하다.

오용

ChatGPT와 같은 인공지능은 잘못된 정보의 확산, 선전 또는 증오심 표현 등의 해로운 목적으로 오용될 수 있다는 우려가 있다. 이러한 오용 문제는 인공지능 기술의 발전과 함께 윤리적인 측면에서 계속해서 주목받고 있는 문제 중 하나이다.

ChatGPT와 같은 인공지능 기술은 올바르게 사용될 때 많은 이점을 제공할 수 있다. 예를 들어, ChatGPT를 활용하여 고객과의 대화 상황에서 자동응답 시스템을 구축하면 상담원의 업무 효율성을 높일 수 있으며, 의료 분야에서는 ChatGPT를 이용하여 환자의 증상에 대한 자동 진단을 수행할 수 있다. 이처럼 인공지능 기술은 올바르게 사용될 때 매우 다양한 분야에서 혁신적인 발전을 이룰 수 있다.

ChatGPT의 사용에 있어서 '오용'은 주요한 윤리적 문제 중 하나이다. 일부 기업이 ChatGPT를 사용하는 도중 어려움을 겪고 있으며, 이는 보안 문제와 관련된 것으로 알려져 있다. 특히, 삼성전자와 같은 국내 기업은 ChatGPT를 사용하는 DX 사업부에서 어려움을 겪고 있다고 한다.

ChatGPT와 같은 인공지능 기술의 오용 문제는 교육 분야에서도 제기되고 있다. 일부 학생들은 ChatGPT와 같은 인공지능 도구를 활용하여 과제나 시험을 완료하는 것이 부정행위의 한 형태라고 생각하고 있으며, 이에 따라 교육 현장에서는 ChatGPT와 같은 도구의 사용을 공식적으로 금지하는 사례가 증가하고 있다. 따라서 인공지능 기술의 발전과 함께 오용 문제를 대처하는 방안이 필요하다.

이러한 오용 문제에 대처하는 방안으로는 적절한 규제와 교육이 필요하다. 교육 기관은 학생들에게 인공지능 도구의 적절한 사용 방법과 윤리적 책임을 가르치는 교육을 제공해야 하며, 기업은 ChatGPT와 같은 도구의 적절한 사용과 오용을 방지하기 위한 보안 시스템을 구축해야 한다. 또한, 이러한 대처 방안을 통해 인공지능 도구의 올바른 활용과 사용자의 이익을 보호할 수 있도록 노력해야 한다.

솔루션 오용을 감지하고 방지하기 위한 보호 장치를 구현한다. 사용자가 오용을 엄격히 금지하는 서비스 약관을 이해하고 동의하도록 해야 한다. 또한 유해 콘텐츠를 감지하고 필터링할 수 있는 기술을 통합해야 한다.

인간 상호 작용 부족

의사소통에 AI를 과도하게 사용할 경우, 인간 상호 작용이 줄어들어 공감 부족과 사회적 단절이 발생할 수 있다는 문제가 있다. 이러한 문제는 AI 기술의 한계와 인간과의 상호작용의 복잡성을 고려할 때 발생할 수 있는 문제이다. 하지만 AI 기술은 소통과 상호작용의 품질을 높일 방법으로도 사용될 수 있다. 따라서, AI를 사용하는 과정에서 이러한 문제를 최소화하고 해결하기 위해 다양한 방법과 개선이 필요하다.

첫째로, AI를 통한 의사소통이 인간과의 직접적인 상호작용을 대체할 경우, 사람들은 AI 시스템에게 감정적인 공감이나 이해를 기대하기 어려워진다. 이는 인간의 감정이나 미묘한 신호를 해석하고 공감하는 능력은 AI에 비해 아직 부족하기 때문이다. 그러나 AI 시스템은 감정인식 기술을 통합하여 인간의 감정을 파악하고 적절한 반응을 보일 수 있도록 개선될 수 있다.

둘째로, AI 시스템은 프로그램에 의해 제어되며 미리 정의된 규칙과 알고리즘에 따라 작동한다. 이에 따라 AI 시스템은 사회적 상황과 맥락을 적절하게 이해하고 반영하기 어렵다. 따라서 AI를 과도하게 의사소통에 사용할 경우, 상호작용의 유연성과 다양성이 부족해질 수 있다. 그러나 AI 시스템은 자연어 처리 기술과 기계 학습 기술을 접목하여 사회적 상황과 맥락을 파악하고 적절한 대응을 하도록 개선될 수 있다.

또한, 사람들은 상호작용 과정에서 표정, 목소리 강도, 신체 언어 등을 통해 다양한 의미와 정보를 전달하고 인식한다. AI 시스템은 이러한 비언어적인 요소들을 인식하고 해석하는 능력이 한계가 있다. 이에 따라 상호작용 과정에서 중요한 비언어적 신호들이 놓칠 수 있으며, 이는 감정적인 연결과 사회적 상호작용에 부정적인 영향을 미칠 수 있다. 그러나 AI 기술은 이미 이미지, 음성, 자연어 등 다양한 형태의 데이터를 처리하고 분석할 수 있는 능력을 갖추고 있으며, 이를 통해 비언어적 요소들을 더 정확하게 해석하고 대처할 수 있도록 개선될 수 있다.

따라서, AI 기술은 인간과의 상호작용에서 중요한 역할을 할 수 있다. 인간과의 상호작용을 대체하는 것이 아니라 보완하고 개선하는 방향으로 연구와 개발을 진행해 나가야 한다. 이를 위해 다양한 방면에서 AI 기술을 활용하고, 윤리적인 문제들을 고려하여 균형 있는 사용을 추진하는 것이 필요하다.

솔루션 사회에서 AI 기술의 균형 있는 사용을 촉진하도록 가이드 해야 한다. 인공지능이 인간 상호 작용을 완전히 대체하는 것으로 간주하여서는 안 되며, 특정 상황에서 도움이 될 수 있는 도구로 인식시켜야 한다. AI 기술의 장단점을 고려하여 적절하게 사용하면, 더욱더 효율적이고 효과적인 인간 상호 작용을 구현할 수 있을 것이다.

GhatGPT와 같은 AI 기술은 사회 전반에서 효과성과 효율성을 향상하며 인류의 삶을 편리하고 윤택하게 만들어 줄 것으로 보인다. 그러나 이러한 윤리적인 문제들은 인간의 가치와 존엄성을 훼손할 수 있다. 따라서, AI를 절대적인 가치가 아니라 하나의 효율적인 도구로 인식하고 바람직하게 우리 사회와 문화에 뿌리내릴 수 있도록 활용해 나가야 할 것이다. 윤리적인 문제는 도구의 문제가 아니라 바로 인류가 해결해 나가야 할 인간의 문제인 것이다.

박동국 두루넷과 SK네트웍스에서 IT전문가로 활동하였고, SK네트웍스서비스에서 경영관리 전반의 업무를 담당하며 SK그룹 강사로 활동하였음. 현재 IT분야 전문 경영컨설턴트로 활동하고 있다. 중소벤처기업부 창업진흥원과 경기도 경제과학진흥원 평가위원, 전라북도 새만금 디지털혁신 자문위원, 정보통신공학 박사, 경영지도사.

HR 혁신의 주역, 생성형 AI:
ChatGPT의 역할과 가능성

| 한권수 |

계획이 의미 없어지는 시대

초 불확실의 시대라고 부를 만큼 23년의 경영환경은 그 어느 때보다 예측 불가능한 시대를 살아가고 있다. 팬데믹이 일으킨 '뉴노멀' 환경에서 전 산업 영역에서 새로운 변화가 계속해서 일어나고 있다. 이러한 시대 변화를 Harvard Business Review에서는 최근의 변화를 3가지 핵심 Keyword인 생존, 회복 탄력성 그리고 Return to Cold War로 요약하고 있다. 이러한 변화는 매우 중요하다. 어떻게 대처할 것인가에 대한 계획이 없다면, 회사는 매우 어려운 시기를 맞이할 수도 있다.

코로나 팬데믹, 러시아-우크라이나 전쟁, 중국과 러시아의 영토 확장 의지, 미국과 서방 등 양 진영의 패권 경쟁과 갈등은, 새로운 진영 간 줄 세우기 경쟁^{Return to Cold War}을 초래했다. 또한 코로나19의 장기 불황을 해결하기 위해 세계 각국이 자국의 화폐를 찍어 냈던 세계 각국의 통화정책과 금융자산, 부동산 버블로 어우러진 원가 상승과 초인플레이션은 세계 경제의 발목을 붙잡았다. 이러한 사건들은 불황의 악순환이 반복되기까지 초불확실성의 시대를 맞이하게 되었다. Long-term Plan과 계획이 의미 없는 시대, 오히려 생존전략^{Survival Strategy}을 필사적으로 구사해야 하는 시대를 맞이하게 된 것이다.

인사관리(HR) 영역에서도 커다란 변곡점을 맞이하고 있다. 과거 비즈니스 환경에서는 시간이 좀 오래 걸리더라도, 온갖 사내 인적 물적 자원의 리소스를 다 더하고, 소위 회사 내 에이스들을 쫙 한자리에 몇 날 며칠 모아 사업계획을 세웠다. 이제는 이전보다 더 많은 것을 고려하면서, 조직의 솔루션 역할을 감당할 수 있어야 한다.

과거에는 다국적 기업에서 CFO 또는 CTO가 CEO가 되기 위해 필수적인 코스였지만, 최근에는 시대와 환경이 변화함에 따라 인사가 만사라는 명제처럼, 인사관리^{HR} 임원 CHRO가 CEO가 되는 조직과 회사가 증가하고 있다. 이러한 변화는 '총성 없는 경제 전쟁'이 기업과 국가, 가정의 흥망성쇠까지 경쟁의 대상이 되는 현대사회의 현실에서 일어나고 있다. 이러한 경쟁 속에서, 문제 해결 능력, 즉 'Mission Clear' 역량은 선택이 아닌 필수 과목으로, 당연한 인사관리^{HR}의 필수 역량으로 인식되고 있다.

인사관리와 인공지능의 조화로운 발전을 이해하기 위해서는, 최근의 HR 트렌드와 본질적 요소들을 이해하는 것이 필수적이다. 필자가 만난 여러 현업 경영자들과 HR 전문가들이 언급한 23년 초 격변의 경영환경에 대응하는 HR의 인사관리 5대 전략의 핵심 요소는 다음과 같다.

- 사업에 대한 전면 재검토 전략의 백지화, 사업별 포지션의 재정의, 사업의 통폐합, 상시적 Task Force^{TF} 조직 운영 등으로 필연적으로 발생하는 상시 또는 비정기적인 조직 개편이 필요하다.
- 조직과 인력의 선택과 집중 핵심 조직, 직무 인력과 선발유지 전략을 재정의하고 관련 채용, 배치, 성과평가 인사제도 및 복리후생 제도의 재편성 전략이 필요하다.
- Success Plan 재정의 급변하는 시장 환경과 조직 변경에 따른 세대교체 전략, 그리고 사업의 본질적 가치를 유지하기 위한 핵심 성과자 유지 전략이 필요하다.
- 조직의 성장과 성과의 발목을 잡는 제도의 전면 정비 무임승차 없는 성과지향적 제도를 강화하고, 과감히 불필요한 제도를 통합 또는 폐지하여, 조직의 성장과 발전을 위한 전면적 제도 검토가 필요하다.
- 상하좌우 내, 외부 상생 문화 구축 조직이 잘 되기 위한 마음은 같으나 그 방법의 차이로 인해 이기주의가 발동되는 조직문화의 폐단을 막기 위한 진정성 있는 협업과 열린 소통을 돕기 위한 제도와 프로세스 구축이 필요하다.

과거와의 대조로, 한국 인사관리^{HR} 역사에는 커다란 변곡점이 두 번 있었다. 인사관리의 AD와 BC를 나누었던 두 번의 큰 사건은, 97년 외환위기와 20년 코로나19이다. HR 관점에서 두 번의 지각 변동의 공통점은 외환위기와 코로나19 직후, 생존을 위해 많은 기업이 비정규직을 늘리고 고용의 유연화를 꽤

했다는 점이다. 이 시기에 성과평가와 보상관리 시스템에 초점을 맞춰 '성과주의 인사'가 유행처럼 기업 생태계에 보편적인 방식으로 자리 잡았다.

불확실성과 전쟁 같은 위기 속에서 생존하기 위해 대부분 기업의 인사관리는 97년 외환위기 때보다 더 강력한 운영 효율화와 비용 절감, 조직의 민첩성을 강조한 조직 슬림화가 강조되기 시작했다. 이에 발맞춰 디지털 기술을 활용한 자동화와 인공지능[AI]을 기반으로 한 이른바 HR 3.0 전략과 제도가 업계에 활용되고 있다. 해당 내용의 변화는 아래의 표와 같이 요약될 수 있다.

인사관리(HR) 업무의 변화와 발전

	산업 HR 1.0	인터넷 HR 2.0	디지털 HR 3.0
중요 중점 사항	규정 준수 행정 관련 설계 프로그램 및 직무	프로세스의 탁월성 표준화 셀프, 공유 서비스	직원 경험 코그너티브 기술 개인화 투명성
조직	부서, 서비스센터, HR 파트너, 지리적 위치 다름	전문가 조직(COE) 공유 서비스 HR 비즈니스 파트너	오퍼링 매니저 지능형 챗봇(AI) 팝업스쿼드 (TF) HR 비즈니스 파트너
설계 기반	Best Practice 벤치마킹	프로세스 전문가	사용자 중심 디자인 사고
의사 결정 기반	직관	과거 HR 데이터 기반	풍부한 내/외부 데이터 활용을 통한 실행 가능한 통찰력
주요 측정 영역	직무 및 성과 평가 직원 이직률 직원 만족도	재직 인원, 역량 다양성, 효율성 지표 직원 몰입도	중요 기술 리더십 파이프라인 다양성 포용성, 자연 감소율 NPS (순 고객 추천지수) 정기 설문조사

출처: IBM institute for business value "Accelerating the journey to HR 3.0

위 표에 나타난 IBM 기업가치 연구소에서 언급한 인사관리[HR] 업무의 변화 흐름에서도 볼 수 있듯이, 전통적인 채용, 배치, 성과평가, 보상, 재배치의 전통적 HR 인사관리 업무는 이미 인공지능[AI]과 빅데이터 기반 기술 활용을 통해 여러 영역에서 활용되고 있고 업계 대세가 되어 가고 있다.

인공지능[AI]을 통해 시간과 비용을 절감하고 효율성을 높이며 HR 부서 가치 창출을 끌어올린 대표적인 사례가 다국적 기업 IBM 사례이다. 전 세계 임직원만 35만 명을 관리하는 거대 조직인 IBM은 AI를 통해 통합 Recruit 프로그램을 운영하면서, 매일 접수되는 지원서 1만 건과 방대한 임직원 관리와 지원자를 선별하고, AI 면접을 통한 1, 2차 Screening, 최종 면접 후 채용까지의 프로세스를 논스톱으로 운영하고 있다.

미국과 영미권 국가 그리고 우리나라의 'MZ 세대'에게도 조용한 퇴사[Quiet Quitting] 현상이 일어나고 있다. 이에 대해 인공지능을 활용한 '선제적 유지 3.0' 프로그램을 개발해 임직원의 동기부여, 임금인상, 승진, 기타 인센티브를 제안하여 생산성 손실 비용 약 3억 달러를 절감한 사례가 있다. 국내도 AI채용(AI 면접, AI 역량 검사)은 채용의 공정성과 투명성을 높이는 평가 툴로서 활용되고 있다.

인사관리 시스템에서 가장 중요한 것은 공정성이다. 이 시스템을 설계하는 사람들, 인사담당자, 임원들이 채용 및 기준과 절차를 정하고 운영하는 데 가장 큰 영향을 미친다. 그러나 이러한 요인들은 휴먼에러로 인해 선입견이 작동될 수 있다. 인공지능이 학습할 때 편향성이 발생할 수 있는 것이다.

이에 따라 인원 채용, 배치, 성과 평가, 조직 운영에 공정성 이슈가 제기될 수 있으며, 이러한 이슈는 치명적인 인사관리 시스템에 해악을 끼칠 수 있다. 이를 방지하기 위해 학습 데이터 기반 판단 기준이 편향되지 않도록 설계해야 한다.

아마존은 인공지능 인사 시스템 도입에 실패한 예가 있다. 시스템 개발자와 결정권자들이 편향된 학습 데이터를 사용하여 결국 특정 지역에 백인 남성이 무차별적으로 채용되는 편향성 사례가 발생했다.

인공지능의 의사결정의 근본 기초가 되는 '판단 기준' 그리고 이를 만드는 기초 학습 데이터의 '편향성'을 극복하기 위한 공정성을 확보가 중요함을 인식시키는 사례가 되었다. 이는 끊임없는 상호 보완적 연구와 실제 운용 후 검증 그리고 이론과 실제 운용의 갭 차이를 줄이고, 빠르게 적용 업데이트 하는 상호 보완적 노력이 병행되어야 한다는 것이다.

한권수 현) 외국계 펀드 운영 회사 경영지원실 그룹장 외국계(TI 외) 및 국내 유수 대기업, 인수합병 및 PMI HR Professional로 25년 근무 중앙대학교, 세종대학교, 명지대학교, KOTRA 외 유수 대학, HR 강의 및 특강 다수, KOTRA 공기업 위원

04

인공지능의 HR 적용: ChatGPT의 한계와 도전

| 한권수 |

귀납적 경험으로는 예측할 수 없는 시대

ChatGPT를 활용함으로써 우리의 일상과 경영환경 그리고 업무에 변화가 조금씩 시작되었지만, 여전히 HR 분야에 완벽하게 적용되기 위해서는 아직 극복해야 난제와 한계점 많다. 이러한 한계점 등을 인지하고 이해하는 것은 인공지능 기술을 더 효과적으로 활용하고, 그 한계를 초월하는 데 도움이 될 것이다. 각 한계점을 정의하고, 실제적인 예를 통해 이를 더욱 명확하게 이해하는 것 또한 필요하다. 그러기 위해서는 먼저 도구를 활용하면서 사용의 한계점을 명확히 이해하는 것이 중요하다.

ChatGPT의 한계를 한마디로 표현한다면 ChatGPT는 '만능^Perfect'이 아니라는 점이다. 다시 말해, ChatGPT는 인공지능 모델 중 하나로, 뛰어난 학습 능력과 종합적인 추론 능력을 갖추고 있다. 기존에 배우지 않았던 문장이나 언어 표현을 스스로 창작할 수 있다는 점은 인공지능 전문가들도 동의하고 있다. 하지만, 제작사 Open AI 사측에서 직접적으로 언급한 근본적인 기술적 한계점 8가지는 시사하는 바가 크다.

첫째, ChatGPT의 기술적 한계의 핵심 사항 중 하나는 학습 데이터를 기반으로 응답 내용을 생성한다는 것이다. 이는 학습 데이터의 출처가 명확하지 않거나 제한적인 경우, ChatGPT가 제공하는 정보에 의존하는 것은 큰 리스크가 초래할 수 있다. HR 분야에서 정확하고 신뢰할 수 있는 정보는 무엇보다도 중요하며, 이를 위해 결국 인사관리의 전문적인 가치판단과 운영 경험이 중요하다.

둘째, ChatGPT는 일반적인 상식과 추론 능력이 부족하다는 것이다. 한 예로 인간이 간단히 종이를 접는 가장 기초적인 행동을 이해하는데 ChatGPT는 상당한 어려움을 겪는다는 것이다. 대규모 데이터로 학습하지만, 여전히 학습 형태가 사진 또는 text 형태로 이해하는 기술적 한계로 상식과 추론 능력은 여전히 현저하게 떨어진다는 것이다. 왜냐하면 일상생활과 기본적인 내용을 이해하는데, 근본적인 어려움을 겪기 때문이다. HR 업무에서는 종종 복잡한 문제를 해결하거나 다양한 상황을 객관적으로 판단해야 할 때가 있다. 그러나 ChatGPT는 학습 데이터에 있는 패턴데로 운영되기 때문에 새로운 상황에 대한 이해와 판단력이 제한적일 수밖에 없고 이는 인사관리의 의사 결정에 심각한 오류가 될 수 있기 때문이다. 또한 이러한 상황이 장기적으로 노출될 때 운영에 커다란 악영향을 미칠 수 있는 중요한 요소로 발전될 수도 있으므로 중요하게 고려되어야 할 한계이기도 하다.

셋째, 피드백 수용 능력이 부족하다. ChatGPT는 사용자의 피드백을 실시간으로 학습하거나 적용하는 능력이 부족하다. 인사관리자라면, 직원이나 후보자로부터 받은 피드백을 바탕으로 그들의 요구사항을 이해하고 공감하며, 개선 사항을 제안할 수 있다. 그러나 ChatGPT는 이러한 공감 능력과 피드백 수용 능력이 부족해, 피드백을 학습하고 응용하는 구조설계 능력이 현재는 아주 부족한 영역이기도 하다.

넷째, 개별적 상황 인지 능력이 제한적이다. ChatGPT는 개별적인 대화의 문맥을 이해하거나 대화의 배경을 인지하는 능력이 매우 제한적이다. 이는 경영의 이슈들을 'Mission Clear' 해야 하는 HR 담당자와 경영자들에게는 큰 단점이 될 수 있다. HR 담당자는 지원자 또는 임직원의 개인적인 상황, 그리고 그 상황이 어떻게 그들의 업무에 영향을 미칠지를 이해하는 데 중요한 역할을 해야하기 때문이다. 이러한 이슈들이 장기적으로 해결이 안 된다면 큰 문제로 발전할 수 있다.

다섯째, 신뢰성과 일관성이 부족하다. ChatGPT는 때때로 부정확하거나 모순된 정보를 제공할 때가 있다. 인사관리자에게 신뢰성과 일관성은 일의 성패를 가를 수 있는 매우 중요한 요소이다. 그들의 판단은 종종 중대한 결정에 영향을 미치며, 이러한 결정은 직원의 삶과 경력에 심각한 영향을 미칠 수 있기 때문이다. 이러한 면에서 ChatGPT의 디지털 기술은 여러 면에서 신뢰성과 일관성을 지속해서 학습하여, 시스템과 의사소통 요소에 적용될 필요가 있다.

여섯째, 감성을 이해하고 대응하는 능력이 부족하다. ChatGPT는 사용자의 감정 상태나 감성을 파악하고 적절하게 대응하는 능력이 제한적이다. 인사관리자의 역할 중 하나는 직원들의 감정 상태를 이해하고, 그에 따라 지원하거나 대응하는 능력은 중요하다. 이는 알고리즘이 단순히 텍스트 기반의 대화를 처리하는 현재의 ChatGPT로는 수행하기 어려운 영역이고, 근본적으로 개선해야 할 중요한 요소다.

일곱째, 변화에 대한 적응력 이슈이다. ChatGPT의 학습 데이터는 2021년까지의 정보에 제한되어 있어, 그 이후의 변화나 발전을 반영하는 데에는 큰 어려움이 있다. 인사관리자의 핵심 역량 중에 변화하는 시장 트렌드, 기술의 변화, 법규 변화 등을 파악하고 이에 적응하고 활용하는 역량이 필수적으로 요구되는데, 초 격변하는 경영환경에 빠르게 대응하기 위해 최근 가장 기초적으로 요구되는 역량이기도 하다.

여덟째, 윤리적인 고려사항이다. ChatGPT는 학습 데이터를 기반으로 응답을 생성하기 때문에 비윤리적이거나 편향된 정보를 지속해서 학습한다면 이러한 편향성이 지속해서 영속화될 가능성이 있다. 인사관리자는 이러한 문제를 인식하고 적절한 기준과 프로세스 운영 기준을 정리하고 대응 방안과 실제적인 운영상 이슈를 고려해야 한다.

결론적으로 ChatGPT는 HR 분야에서 유용한 도구일 수 있지만, 그 한계를 인식하고 적절하게 활용하는 것이 필요하다. 인간과 인공지능의 협업을 세밀하게 고려해야 HR 업무의 효율성과 정확성을 개선할 수 있고, 이러한 관점을 갖고 ChatGPT를 사용하는 것이 올바른 활용 방법이라 생각된다.

위 한계점에 대한 개선 방향은 기본적으로 전문 분야를 세분화하여, ChatGPT의 학습 알고리즘에 더 많은 실시간 피드백을 통합하거나, 감성 인식 기능을 세부적인 사례별로 개발해 나가야 한다. 인간이 할 수 있는 영역과 ChatGPT를 활용할 수 있는 영역을 좀 더 세분화하고 협업의 영역을 구분하는 것이 절대적으로 필요하다.

ChatGPT는 여전히 그 활용에 있어 여러 한계점을 가지고 있는 디지털 인공지능 도구이지만, 그런데도, 여전히 많은 잠재력을 지닌 도구인 것도 부정할 수 없는 사실이다. 인간의 창의력과 결합하면, ChatGPT는 우리의 사고를 확장하고 새로운 아이디어를 제공하는 데 많은 도움을 줄 수 있다.

이러한 변화가 정해진 미래이고, 준비된 미래라면, 이 변화를 준비하는 인사 관리자로서 향후 개선 방향을 좀 더 열린 시각으로 보는 것도 필요하다는 것을 이해하게 되었다. 불확실한 경영 상황과 '위기가 기회'라는 변하지 않는 격언처럼, 조직이 이 기술을 최대한 활용할 수 있도록 계획을 세우고, 향후 개선 방향도 정리해 보는 것이 필요하다. 위에서 언급한 한계점에 대한 개선 방향을 좀 더 세부적으로 설명하면 아래와 같다.

첫째, 정보 출처와 신뢰성에 관한 한계를 극복하는 것이다. 현재 ChatGPT를 활용할 때, 인사 담당자가 경력 개발에 대한 조언을 얻기 원할 때에도, 그 학습 데이터가 어디서 왔는지 명확히 알 수 없다. 인사 담당자가 조직의 리더십 스타일에 대한 조언을 얻기 원할 때에도, ChatGPT는 광범위한 학습 데이터를 활용하지만, 그 출처를 명확히 밝히지 않는 한계가 있다. 이에 따라 정보의 신뢰성이 떨어질 수 있다. 이러한 한계점을 개선하기 위해서는 학습 데이터의 출처를 명확히 표시하고, 사용자가 정보의 출처 확인이 필요하다. 보완적으로 Microsoft Bing을 활용하는 것도 대응이 될 수 있다.

둘째, 피드백 수용 능력의 한계를 보완하는 것이다. ChatGPT의 피드백 수용 능력을 향상하려면 더 전문적이고 다양한 유형의 데이터를 사용하여 학습시키는 것이 가장 중요하다. 편향성 있는 정보 보다는 방대한 양의 정보에서 본질적인 것을 짚어내고 정리하는 전문가의 피드백이 수용 능력의 한계를 개선할 방법이 될 수 있다. 결과적으로 HR 영역에 특화된 전문성 있는 전문가를 통해 AI 피드백 수용 능력을 획기적으로 개선하는 것이 필요하다.

셋째, 신뢰성과 일관성의 한계를 극복하는 것이다. HR 영역의 경우 편향적 학습 데이터와 정보의 누락, 성과 정보에 대한 다른 해석으로 시스템 반영에 오류가 있을 수 있다. 이를 개선하려는 방법은 인공지능 시스템에 사용자 피드백을 통한 의견 수렴을 하고, 이를 검증하여 재학습하는 형태로 시스템을 개선하여 운영하는 것이다. 이를 통해 시스템상 편향성과 잘못된 정보를 받거나 모순된 답변의 수정이 가능해진다.

넷째, 윤리적인 고려 사항의 이슈를 개선하는 것이다. Open AI 공지에서도 알 수 있듯이, ChatGPT 이용자는 일반 데이터 보호 규정과 개인정보를 엄격하게 요건을 제한해 13세 이하 어린이들은 서비스 할수 없도록 권고하고 있다. 이는 부적절하고 민감한 내용이 13세 이하 어린이들에게 제공되는 것을 방지하기 위해서 나이 제한을 두고 있다. 또한, 사용되는 데이터에 대한 개인정보 및 경영정보가 무차별로 유출될 수 있으므로, 사내에서 ChatGPT를 사용하는 것을 금지하고, 국내외 유수 기업들은 사내 보안망을 통해 제한을 두고 있다. 알고리즘의 투명성과 정보 유출 및 보안 기능 강화가 향후 여러 윤리적, 도덕적, 법적 책임을 선제적으로 대응하기 위해 개선 요소로 고려되는 사항이다.

이처럼 ChatGPT의 실제적인 장점과 한계를 극복하는 과정에 ChatGPT를 단순하게 정보 조회 도구로써 만 사용하는 것이 아니라, 경영 환경에 맞춤화된 정보와 서비스를 제공하는 보조 파트너로서 사용하는 것을 추천한다. "세상에서 가장 무서운 사람은 한 권도 책을 읽지 않는 사람이 아니라, 책을 한 권만 읽는 사람이다."라는 말이 있다. 이는, 사고의 편협성과 지적 독선이 위험하다는 것을 의미 한다.

ChatGPT의 기본 활용법을 잘 익혀서 업무에 적용해보고, ChatGPT의 한계를 정확히 이해하고, 개선 방향을 설정하여 다양한 이슈와 난제를 해결하는 디지털 도구와 업무 부분으로 의미 있게 활용하는 것이 중요하다. 이를 통해, ChatGPT를 단순한 정보 조회 도구가 아닌, 더욱더 세부적이고 실질적인 방법으로 활용할 수 있을 것이다.

한권수   현) 외국계 펀드 운영 회사 경영지원실 그룹장 외국계(TI 외) 및 국내 유수 대기업, 인수합병 및 PMI HR Professional로 25년 근무 중앙대학교, 세종대학교, 명지대학교, KOTRA 외 유수 대학, HR 강의 및 특강 다수, KOTRA 공기업 위원

ChatGPT x HR

생성형 AI, HR에 어떻게 적용할 것인가

초판 1쇄 발행 | 2023년 8월 8일

지은이	김기진 조용민 고동록 박호진 최요섭 심영보 박은혜 정미령 이수연 이정택 유병선 조원규 홍규원 하기태 박동국 한권수
펴낸이	김기진
디자인	오순영
펴낸곳	에릭스토리
	출판등록 2023. 5. 9(제 2023-000026 호)
	주소 경기도 안양시 만안구 연현로 75. 103-502.
	전화 (031)348-9337
	팩스 (031)348-1238
	이메일 ericstory1238@naver.com(원고 투고)
	홈페이지 www.ericstory.net

ISBN ISBN 979-11-983453-0-1 13320
ⓒ김기진